육사라는 버스에
무임승차하지 마라

육사라는 버스에 무임승차하지 마라

발행일	2016년 8월 15일

지은이	구 민 우		
펴낸이	손 형 국		
펴낸곳	(주)북랩		
편집인	선일영	편집	김향인, 권유선, 김예지, 김송이
디자인	이현수, 신혜림, 윤미리내, 임혜수	제작	박기성, 황동현, 구성우
마케팅	김회란, 박진관, 오선아		
출판등록	2004. 12. 1(제2012-000051호)		
주소	서울시 금천구 가산디지털 1로 168, 우림라이온스밸리 B동 B113, 114호		
홈페이지	www.book.co.kr		
전화번호	(02)2026-5777	팩스	(02)2026-5747

ISBN	979-11-5987-139-9 03320(종이책)	979-11-5987-140-5 05320(전자책)

이 도서의 국립중앙도서관 출판예정도서목록(CIP)은 서지정보유통지원시스템 홈페이지(http://seoji.nl.go.kr)와
국가자료공동목록시스템(http://www.nl.go.kr/kolisnet)에서 이용하실 수 있습니다.
(CIP제어번호 : CIP2016018267)

성공한 사람들은 예외없이 기개가 남다르다고 합니다.
어려움에도 꺾이지 않았던 당신의 의기를 책에 담아보지 않으시렵니까?
책으로 펴내고 싶은 원고를 메일(book@book.co.kr)로 보내주세요.
성공출판의 파트너 북랩이 함께하겠습니다.

구민우 지음

육사라는 버스에

육사 출신의 한 현역 대위가 알려주는 완벽 군 생활 지침서

무임승차 하지 마라

"당신이 언제 성공하게 될지는 중요하지 않습니다. 도중에 넘어질 수도 있죠. 하지만 계속 노력한다면, 실패를 넘어설 수 있습니다. 사실 실패만한 것이 또 없어요. 실패는 당신을 다른 방향으로 움직이게 해 주니까요."

―오프라 윈프리

북랩 book Lab

"젊은이들에게 더 이상 우리의 상처를 물려주지 말라고…."

—『사랑 후에 오는 것들』

    나는 금전적인 어려움으로 육사에 입학했고 생도생활까지 합쳐 9년 동안 군생활을 했다. 가정형편이 좋지 않기 때문에 육사에 입학하는 것이 내 목표였다. 그랬기 때문에 입학 후에는 꿈이 없었고 지금까지 허송세월했다. 그러다보니 '육사 출신'이라는 타이틀에 본의 아니게 많은 먹칠을 했다.

    꿈이 없으니 열정도 없었고 그저 시키는 것이나 겨우 할 뿐이었다. 공부도 운동도 업무도 무엇 하나 잘하는 것이 없었다. 나는 취미며 특기도 없는 그냥 껍데기만 '육사 출신'이었다. 그러다 보이 어느덧 나는 '대위'라는 계급장을 달고 있었다.

전시에는 나의 판단에 따라 수많은 부하의 목숨이 좌우된다. 지금까지 이렇게 생각 없이 군생활을 한 것이 너무 후회된다. 후배 장교들은 제발 그러지 않았으면 하는 바람이다. 장수가 무능하면 전시에 나라가 망하기 때문이다.

육군에서 최고의 양성 교육기관이라 불리는 육군사관학교에 입학하는 사람들은 미리 야전에서 겪을 수 있는 군의 현실을 알고 어떻게 개선할 것인가를 고민했으면 한다. 군의 현실을 가리려고만 하면 나중에는 곪아서 손을 쓸 수 없게 되기 때문이다. 후배 장교들, 그리고 어디서든지 새로이 사회 생활을 시작하는 사람들은 제발 나와 같은 과오를 범하지 않기를 바란다. 그리고 변화와 혁신의 주축이 되기를 바란다.

다만 내가 걱정되는 것이 있다면 이 책의 내용이 마치 군대 전체의 모습인 양 보이는 것이다. 미리 말해 두겠지만 내가 본 것은 극히 일부이고 내가 느낀 것은 지극히 개인적인 감정이므로 내가 아닌 군 전체를 폄하하지는 않았으면 한다. 여기 적힌 내용은 내가 경험한 짧은 인생, 생도생활 4년, 군생활 5년의 약 9년간의 기록이다. 부대에 대한 선입견이 생길 수 있어 부대를 모두 'O'으로 표기했으니 이해 바란다.

이 글이 모든 이들에게 공감과 힘이 되었으면 하는 바람이며 므두셀라 증후군*을 방지할 수 있었으면 좋겠다. 시간이 지나면 과거의 사건들이 긍정적으로 다가온다. 하지만 잘 생각해 보면 괴로운 시간이 정말 많았다. 나는 이 시간을 잊고 싶지 않았다. 혹시 나중에 고급 장교가 된다면 내가 느꼈던 이 과거의 괴로움을 통해 부하들의 고충을 조금이나마 이해할 수 있을까하는 마음에서다.

· · ·

* 추억을 아름다운 것으로 포장하며 나쁜 기억은 지우고 좋은 기억만 남겨두려 하는 심리.

"나의 어두운 시기가 비슷한 여행을 하는 모든 사람들에게 도움을 줄 수 있기를."

— 『가고 싶은 길을 가라』

2016년 7월

글쓴이

이 책의 차례

들어가며   • 4

Chapter 1   생도생활 4년, 눈떠 보니 20대 중반

001 **가입교, 기초 군사 훈련**   • 14

내가 지금 여기서 뭐하는 거지? • 수양록, 지켜보고 있다 • "왜?"라는 질문을 할 수 없는 분위기 • 15일 동안 장 활동이 멈추다 • 가슴에 필통을 꽂다 • 이거 꼭 외워야 되는 건가?

002 **아무 생각 없는 1학년**   • 25

잃어버린 목표, 표류하는 배 • 첫 미팅, 독일 빵집 • 부조리의 시작 • 3금 제도, 신독(愼獨) • 첫 번째 MT(Military Training) • 007 가방, 내부에는 뭐가 있을까? • 가장 두려운 순간, 귀영점호 • 2학년이 되기 위한 벽돌 깨기 • 교장이 되어서 교육제도를 바꾸자 • 동기들에게 욕하다 • 무인 판매대

003 **1학년 교육하는 2학년**   • 37

옷방, 차별, 외박하지 못하는 중대귀신 • 기수생도, 1학년 생도 호실 출입금지 • 두 번째 MT, 아직 늦지 않았으니 나가라 • 모교 홍보 • 일본 해외문화탐방

004 **엄마 역할을 하는 3학년**   • 42

1, 2학년 군기 담당 행정보좌관 • 중국(북한 접경지역) 해외문화 탐방 • 세 번째 MT, 진짜 나갈 수 있는 마지막 기회! • 기초군사훈련 파견

005 아빠 역할을 하는 4학년   • 47
     결혼식 예도 지원 • 4학년의 아지트, 명예위원생도 호실 • 육사 명예 실추 사건, "니들이 생도
     야?" • 모두에게 상처를 남긴 체육대회 기마전 • 네 번째 MT, 유언을 적으며 눈물을 흘리다

006 졸업을 준비하는 5학년   • 51
     병과 소개 교육

Chapter 2 장교로서의 생활

001 명심해라, 장교는 비정규직이다   • 54
002 군은 나라를 지키고, 병사는 나라를 이끈다   • 56
003 보병학교, 천안함 폭침 그리고 김정일   • 61
004 멋 내기, 몸에 착 붙는 전투복   • 63
005 GOP 총기 오발사고, 임관과 동시에 전역 위기   • 65
006 힘들고 귀찮은 일은 병사에게   • 69
007 안전사고 예방에 대한 시각 차이   • 71

008 포퓰리즘, 중대장님 지시 vs 부하들의 휴식 · 73

009 전우조 활동에 대한 고민 · 77

010 상급자와 의견 차이가 생기면? · 79

011 모르는 걸 질책하지 마라 · 81

012 두 번째 총기 오발사고, 경고장과 의욕상실 · 83

013 연평도 포격 도발, 갱도 생활 · 85

014 JSA에서 근무할래? · 88

015 인정받지 못해 쫓겨나다, 특전사 발령 · 90

016 힘든 건 싫다, 보병에서 병기로의 전과 · 92

017 북한 귀순자 초청 강연 · 94

018 단어는 제대로 알고 말하자 · 97

019 불평불만 하려면 해결책을 내라 · 99

020 로봇처럼 일하지 마라 · 101

021 복사(ctrl+c), 붙여넣기(ctrl+v)는 이제 그만! · 104

022 뒷담화는 위험하다 · 106

023 사공이 많으면 배가 산으로 간다 · 108

024 제발 야근 좀 하지마라 · 110

025 Leader vs Follower, 무엇이 우선인가? · 112

026 회의는 핵심만 간략하게 · 114

027 지휘관은 시간이 없다, 보고는 짧고 간결하게 · 116

028 당직은 그냥 밤을 지새우는 시간이 아니다 · 118

029 현실과 이상의 괴리감, 진급을 위한 군생활 · 120

030 불치하문, 당신은 모든 일의 전문가가 아니다 · 123

031 계급장이 당신의 목표가 되어서는 안 된다 · 125

032 화내면 진다, 규정대로 해라 · 127

033 여군과의 문제로 헌병대에 끌려가다 · 129

034 미군은 박수를 받고, 한국군은 손가락질을 받고 · 131

035 지역 주민이 군을 바라보는 시각, "비켜, 임마!" · 133

036 소탐대실, 교육기관에서 그릇의 크기가 드러난다 · 135

037 건강이 먼저다 · 137

038 일을 시킬 때는 여건 보장이 먼저다 · 139

039 공은 부하에게, 책임은 내가 · 141

040 잘못은 빨리 인정하고 개선할 방법을 찾아라 • 142

041 보고할까 말까? • 144

042 데리고 있던 부하가 전역 후 군 서포터가 되도록! • 147

043 어머니의 조언, 적을 만들지 마라 • 153

044 아버지의 조언, 모두가 좋아하는 사람은 없다 • 155

045 비교, 그리고 패배의식 • 157

046 포상 휴가를 남발하지 마라 • 159

047 가장 무서운 적은 북한군이 아니라 무능한 간부다 • 161

048 항상 '왜?'라고 질문하는 사람들 • 163

049 화재사고, 지휘관의 솔선수범 • 165

050 손·망실을 두려워하지 말고 관리를 잘하자 • 167

051 우리 아들 좀 잘 봐 주세요 • 169

052 SNS를 통한 부모님들과의 소통 • 172

053 유시진 대위, 군에 대한 허상 • 174

054 작전이 우선, 나머지는 뒷전 • 175

055 변명하지 말자 • 177

056 조사하면 다 나온다, 정직하게 살자 • 179

Chapter 3 군생활을 하다 보면 궁금한 것들

001 무기공학과의 실험 • 182

002 물속에 숨으면 안전할까? • 184

003 모래(마대) 뒤에 숨으면 안전할까? • 186

004 신형 방탄모는 안전할까? • 188

마치면서 • 190

참고문헌 • 192

CHAPTER 1

생도생활 4년,
눈떠 보니 20대 중반

"오늘날 나의 불행은 지난날 내가 헛되이 보낸 시간에 대한 보복이다."

— 나폴레옹

001
가입교, 기초 군사 훈련*

"기초란 뭐라고 생각해? 필요 없는 걸 버리고 필요한 것만 남기는 거야. 지금 아저씨 머리와 몸에는 쓸 데 없는 게 가득 들었어."

—『Fly Daddy Fly』

:: 나의 간략한 가정사 ::

돌팔이 의사와 1억

내가 초등학교 입학 전에 어머니는 돌팔이 치과의사셨다. 그보다 먼저, 외할아버지는 (동네) 의사였다는 것을 말하고 싶다.

· · ·

* 기초군사훈련은 흔히 'Beast Training'이라 불린다.

그 당시 동네 의사라고 하면 산부인과, 치과, 내과 등 모든 것을 다 진료하셨다고 한다. 그래서 어머니는 외할아버지를 따라다니며 치과 진료 기술을 배우셨다.

어머니는 돌팔이였지만 실력이 있으셨다. 그래서 입소문을 타고 매일 같이 바쁘게 생활하셨다. 그래서 어머니는 IMF 직전에 1억 원을 모으셨다. 당시 우리가족이 살던 13평짜리 아파트 매매 가격이 1,000만 원이었다고 말하면 얼마나 엄청난 돈인지 감이 올 것이다. 그래서 우리 집은 항상 풍족했다. 어머니는 항상 피자, 치킨 그리고 내가 원하는 것은 무엇이든 사 주셨다. 나는 당시에 (지금도 여전히) 자동차에 빠져 있기 때문에 자동차 다이캐스트만 30개 징도 가지고 있었다. 그리고 매일 새롭고 비싼 옷을 입었다.

그러다 IMF가 터졌다. 아버지는 하시던 사업을 엄청난 빚과 함께 포기하셔야 했다. 어머니가 모은 1억 원은 순식간에 사라졌다. 어머니는 아버지와 매일 같이 다투셨고 아버지는 일자리를 찾아 다니셨다.

그 뒤 아버지는 택시 기사를 하셨는데 술주정뱅이들이 워낙 말썽을 부렸고 추가 요금이 있는 새벽에 일하시니 건강도 나빠지셨다. 그러다보니 사납금(매일 일정 금액 회사에 바치는 돈.)을 채우지 못하셔서 1년 정도 하시다가 그만 두고 모은 돈으로 포장마차를 시작하셨다. 시작은 거창했다.

그렇지만 며칠이 되지 않아 깡패들이 와서 훼방을 놓고 자릿세를 내라고 해서 돈만 뺏기고 그만 두셨다. 이후로 친구 분의 도움을 받아 회사에 들어가셔서 지금까지 일하고 계신다.

솔직히 다른 친구들의 아버지와 비교하면 정말 적은 금액을 받고 일하신다. 하지만 "민우야, 아버지 걱정은 하지마라. 내가 알아서 먹고 살 테니까."라고 말하는 아버지는 여전히 든든하다. 최근에 아버지와 술을 마시며 이야기해 보니 당시에 사업 어음과 관련해 돈을 받으러 갔다가 오히려 돈을 주고 오셨다고 했다. 그 사람들이 아버지보다 더 힘든 처지였기 때문이라고 하셨다. 하지만 당시에 돈을 주고 온 게 정말 후회된다고 하셨다. 내 가족이 먼저인 것은 생각하지 않고 남만 생각해 왔다는 것이다. 그리고 그 당시에 어머니가 화가 났던 이유도 들었는데 의외였다. 우리가 알거지, 빚쟁이가 되어 집안에 있는 모든 살림이 없어졌지만 아버지는 나와 내 여동생이 자는 모습을 보시면서 "이렇게 우리 넷이 먹고 잘 수 있는 것만 해도 행복하다."라고 말씀하셨다고 한다. 이처럼 나의 삶은 다사다난했지만 세월은 어떻게든 흘렀다.

어머니의 진심

중학교에 진학했다. 나는 '디아블로2'라는 게임에 미쳐있었다. 학교를 마치고 집으로 오면 하루에 6시간씩 게임을 했다.

1학년 첫 시험에서 수학을 20점을 받아 학원에 다녔다. 그래도 나는 여전히 게임이 좋았다. 그 모습을 보고 어머니는 초강수를 두셨다. 어느 날 나를 앉혀 놓고 통장을 보여주셨다. 통장 잔액이 찍힌 곳에 전부 마이너스(-)표시만 있었다.

"민우야 이게 뭔지 아나? 우리 집이 갚아야 할 돈들이다. 네가 이렇게 생활해서는 죽었다가 깨어나도 못 갚는다. 이제 정신 좀 차려라."

나는 그때 우리 집에 빚이 많다는 것을 알았다. 그런데도 정신을 못 차렸다. 저걸 장남인 내가 감당해야 하는 것인지에 대한 생각조차 없었다. 사실 중학생이 무슨 생각이 있었겠나. 그렇게 중학교 시절은 게임과 함께 흘러갔다.

아버지의 진심

고등학교에 진학하고 아버지는 나를 부르셨다. 그리고는 아버지 이야기를 해 주셨다. 아버지는 181㎝로 당시에는 꽤 큰 키였고, 외모도 준수해서 연극을 하고 싶으셨다고 한다. 그래서 무일푼으로 고등학생 때 서울로 올라가서 극단에 들어가셨다고 한다. 그런데 해 보니 성공할 가능성이 너무 적고, 돈벌이가 너무 되지 않아 실망을 하셨다고 한다. 그리고는 다시 영천으로 내려오셨다고 한다.

몇 분의 침묵이 흐른 뒤 아버지는 말씀하셨다.

"민우야…. 니는 꼭 하고 싶은 걸 해라. 이 아버지가 능력은 없지만 돈을 훔쳐서라도 니가 하고 싶은 거 무엇이든 할 수 있게 해 줄게."

나는 대답하지 않고 방으로 들어가 눈물을 흘렸다. '우리 집이 이렇게 가난하구나. 나는 하고 싶은 것보다는 일단 돈을 벌어야겠다.'는 생각을 했고 그때부터 사관학교 진학을 결심했다.

내 친인척을 통틀어서 직업 군인이 딱 한 명 있다. 내 2년 선배인 이종사촌형이다. 진짜 줄도 없고 백도 없었다. 그 형이 멋있어 보였다기 보다는 금전적으로 부담이 없는 것이 좋았다. "육사는 4년 학비 공짜에 품위유지비라고 돈도 준다."

내가 지금 여기서 뭐하는 거지?

"시련을 딛고 반전에 성공할 때마다 짜릿한 쾌감을 느낍니다. 모두들 평탄한 성공의 길을 꿈꾸지만 현실을 울퉁불퉁하며 희비가 엇갈립니다. 나 역시 그랬습니다."

—『더 큰 나를 위해 나를 버리다』

육군사관학교는 입학 전에 '가입학'이라는 기초군사훈련 기간이 있다. 군인이 되기 전에 필수적으로 알아야 할 것들에 대해 배우는 기간이다.

내가 가입학 하는 날은 혼자서 육사에 갔다. 가족이 굳이 이곳까지 오자마자 다시 집으로 돌아갈 필요가 없다고 생각했다. 김광석의 '이등병의 편지'를 들었는데 어쩌나 우울하던지 눈물이 찔끔났다.

'이제 다시 시작이다. 젊은 날의 꿈이여.'

꿈은 없었지만 공짜로 대학에 다닐 수 있다는 생각만으로 기분은 좋았다. 도착하니 접수하는 곳이 있었다. 접수를 하고 앉아 있는데 시커먼 방탄모를 쓴 사람들*이 우리를 안내했다. 이 분들이 나를 이렇게 괴롭힐 줄 그때까지는 몰랐다.

먼저 옷을 다 벗고 침대에 놓여있는 전투복을 입으라고 했다. 큰 소리로 혼낼 때 우리는 흔히 '사자후'라고 한다. 옷을 벗고 있는데 복도에서 사자후가 날아왔다.

"지금부터 경어를 생략한다. 옷 갈아입고 다 튀어나와!"

'뭐지? 왜?' 아무 생각이 없었다. 나는 가입학 전날까지 게임만 했다. 아무것도 알아보지 않았고, 아는 것도 없이 와서 이런 분위기일 줄 몰랐던 것이다. 그 뒤 소지품을 다 꺼내라고 했다. 이건 모두 집으로 택배 보내겠다고 했다. 아무튼 정신없던 당일이 지나가고 취침 시간이 왔다. 누워서 나는 계속 생각했다. '내가 이런 인간 이하의 취급을 받으려고

...

* 기초군사훈련 파견 생도로 4학년으로 진학할 3학년 생도들로 후배 생도들 양성을 위해 희생한다. 줄여서 '기파생도'라 부른다. 물론 4학년 생도도 일부 있다.

여기에 왔나? 내가 지금 여기서 뭐하는 거지? 그냥 나갈까?' 그런데 힘들다고 하루 만에 나가면 재수를 위한 돈이 걱정되었다. 무슨 배짱이었는지 모르지만 나는 수능을 보고 나서 대학에 원서를 하나도 적지 않았다. 원서 접수비 조차 아깝게 느껴졌다. 나는 돈 때문에('덕분에'라는 표현이 맞을 지도 모르겠다.) 버티기로 결심했다.

▍수양록, 지켜보고 있다

기초군사훈련 기간 중에서 좋았던 것은 취침 전에 '수양록 작성시간'이라고 해서 일기를 쓸 시간을 준다는 것이었다. 나는 그 날에 있었던 일을 기록하고 온갖 욕설도 적었다. 대구에서 살아서 그런지 욕을 하고 싶어 입이 근질근질한데 할 수는 없어 글로 적었다.

단체로 교육을 받던 어느 날, 학생들은 지친 몸 때문에 교육시간에 굉장히 많이 졸았다. 교육이 끝나고 키가 가장 큰 기파생도가 엄지손가락을 치켜들었다. '뭐지? 잠자는 동안 누가 뭘 잘해서 칭찬 받는 건가?' 하는 멍청한 생각이었다. 사자후가 날아왔다.

"66기! 손가락을 올리면 기상, 내리면 착석한다!"

그리고는 계속해서 엄지를 위로, 아래로 정신없이 움직였고 우리는 우왕좌왕하며 출렁이는 모습을 보였다. 그리고는 오리걸음으로 생활관까지 복귀했다. 너무 힘들어 욕을 하며 기필코 복수하리라 생각했다. 그때는 기파생도들이 내가 생도 1학년이 되어서 만날 4학년이라고는 생각도 못했으니….

밤이 되어 수양록을 적는 시간이 왔다. 나는 오늘 있었던 일과 분노를 모두 쏟았다. 정말 지금 보면 입에 담지 못할 온갖 욕설을 거기에 적었다. 적고 나니 뭔가 시원했고 잠시나마 승리한 것 같은 느낌이 들었다. 다음 날 일과를 위해 이동하는데 키가 엄청 큰 누군가가 생도 근무복에 큰 칼(당시에는 몰랐는데 '예도'였다.)을 가지고 나에게 다가왔다.

'이건 뭐지? 나를 테스트 하는 건가? 어떻게 해야 하지?'

키 큰 생도가 모자를 푹 눌러쓰고 나에게로 가까이 올수록 가슴이 조여 왔다. 다행히 내 앞에서 그는 멈췄다. 그런데 갑자기 칼을 반쯤 빼더니 내 앞에 엄지손가락을 내밀었다. 그러더니 그 생도는 조용한 목소리로 말했다.

"잘라봐. 자르고 싶다면서. 빨리 잘라."

이렇게 말하며 내 손에 칼을 쥐어주었다. 나를 데리고 있던 기파생도는 갑자기 키득거리기 시작했다. '뭐지?' 진짜 몇 초 되지도 않는데 별 이상한 생각이 들었다. 갑자기 어제 적은 수양록이 생각났다. 그 순간 그 생도들이 내 수양록을 몰래 읽고 있었구나 하는 생각이 들었다. (그 키 큰 생도는 바로 우리에게 '위, 아래 춤' 그리고 오리걸음을 선물했던 기파생도였다.)

그날 이후로도 그 기파생도는 나만 보면 엄지를 치켜들며 웃었다. 무서웠다. 수양록에 그런 걸 적는 게 아니었는데…. 아무튼 그 날 이후로 나는 수양록에 온갖 힘이 되는 말과 아름다운(?) 말만 적었다. 나를 담당하는 기파생도는 "야 이제 왜 재미없는 것만 적어?"라고 하면서 놀렸다.

이 글을 읽는 여러분들은 꼭 수양록에 아름다운 말만 적기를 바란다.

"왜?"라는 질문을 할 수 없는 분위기

기초군사훈련은 "왜?"라는 질문을 절대 할 수 없는 분위기였다. 우리는 백지였고 기파생도, 교관, 조교들이 가르치는 것을 그대로 백지에 옮겨 그렸다. 지금도 누군가가 "기초군사훈련 때 배운 거 기억나?"라고 물으면 몸은 기억하는데 왜 이렇게 하는 지에 대해서는 말하지 못했다.

기초군사훈련 대부분은 사실상 조교(병사)들이 한다. 그래서 궁금한 걸 기파생도들에게는 묻지 못하니 조교들에게 물어보면 조교도 잘 모른다고 하거나 본인이 아는 대로 답변했다. 지금 생각하면 차라리 조교들을 미리 교육해서 가입학 생도들이 물어보면 "그것에 관한 사항은 ○○ 야전교범(우리가 흔히 FM이라고 부르는 'Field Manual')에 이렇게 나옵니다." 라고 답변하게 했으면 당시에 궁금한 것이 있을 때 찾아보면서 잘 활용할 수 있었을 텐데 아쉽다.

15일 동안 장 활동이 멈추다

정신없이 흘러가는 시간. 우리 가입학 생도들의 몸에는 항상 쉰내가 났다. 잊을 수가 없다. 인간의 몸에서 이런 냄새가 날 수 있다는 것이 신기했다. 2주라는 시간이 흘렀는데 나는 아직도 대변을 보지 못했다. 중요한 것은 나뿐만이 아니라 다른 동기들도 비슷했다는 것이다.

적게 먹고 많이 활동하기 때문일 수도 있고 워낙 배변 시간이 제한되어 있다 보니 그럴 수도 있다. 밥을 먹을 때는 '직각식사'를 하는데 제대로 하지 않으면 식탁전체(1개 분대 6~8명 정도)가 같이 밥을 먹지 못하고 나가서 얼차려*를 받는다. 그래서 제대로 밥을 먹은 동기들이 없고 교육 시간을 제외하면 이동 중에도, 교육 전후에도 항상 얼차려를 받는다. 이유는 알 수 없다. 그냥 받아야 한다.

내가 여기서 느낀 것은 '아, 나는 절대 이렇게 해서는 안 되겠다.' 라는 것이었다. 정말, 치욕적이었고 분노가 쌓였다. 아마 이런 비인격적이고 모욕적인 것을 미리 경험하게 해서 나중에 장교로 임관해서는 이런 짓을 하지 말라고 이렇게 시켰나 보다.

▍ 가슴에 필통을 꽂다

어느 날, 기파생도들이 가입교 생도** 모두에게 필통을 가지고 오라고 했다. 무엇인가 적을 게 있었다. 나는 손에 들고 가면 파지***해야 하니 가

...

*   군의 기율을 바로잡기 위하여 상급자가 하급자에게 비폭력적인 방법으로 육체적 고통을 주는 일.
**   흔히 기초군사훈련 생도라고 '기훈생도' 라고도 부른다.
*** 꽉 움켜쥐고 있음.

습곽에 꽂았다. 지금 생각하면 진짜 어처구니없지만 그 당시 나에게 두뇌는 없었다. 그냥 어떻게 해서든 조금이라도 편하고 싶었고 혼나고 싶지 않았다. 그렇지만, 그 행동으로 심하게 혼났고 어리버리한 녀석으로 낙인찍혔다.

ㅣ 이거 꼭 외워야 되는 건가?

기초군사훈련 기간에 각종 내용들을 암기해야 한다. 정말 괴로웠다. 안 그래도 머리는 멍한 상태인데 그걸 기파생도 앞에서 암기해야 한다. 착한 기파생도들은 부담가지지 말라고 가입교 생도의 눈을 보지 않고 책자를 보고 있어 준다. 하지만 나쁜 기파생도들은 기훈생도들의 눈을 쳐다보고 있는다. 그러면 진짜 하나도 기억이 안 난다. 그래서 대부분 착한 기파생도에게 외운 것을 검사 받는다. 내가 보기엔 나쁜 기파생도들은 그렇게 함으로서 자신이 할 일 하나를 줄이는 효과가 있어 그랬던 것 같다. (물론 내 생각이다.)

국군의 이념, 국군의 사명 등 굵직한 것들이 우리가 외워야 하는 주제였다. 그런데 이걸 굳이 외워야 하나는 의문이 들었다. '군생활을 하면서 아침마다 반복해서 들려주면 저절로 외워지지 않을까? 혹시 기억이 나지 않으면 찾아보면 되는 거 아닌가?' 지금 생각해보면 그렇게 암기 강요를 당한 경험을 토대로 장교로 임관해서는 암기 강요를 하지 말라고 하는 게 아닐까 생각한다.

002
아무 생각 없는 1학년

┃ 잃어버린 목표, 표류하는 배

"하고 싶지 않은 일을 하면서도 실패할 수 있습니다. 그러므로 이왕이면 사랑하는 일에 도전하는 것이 낫습니다."

— 짐캐리

육사에 입학했으니 나는 '목표'를 이루었다. 그런데 그게 끝이었다. 나는 더 이상의 목표도 없었으며 하고자 하는 의지도 없었다.

:: 철은 없었지만 꿈은 있었던 학창시절 ::

나는 비만이었다. 당시에는 무슨 자신감이었는지 거울을 보고 살지 않았다. 나도 내 어릴 적 증명사진을 보고 굉장히 놀랐다. 비만이었으니 외모와 체형, 말주변까지 개그맨을 위한 모든 것을 갖추고 있었다. 그리고 친구들이 내 이야기를 듣고 웃는 것을 보면 너무 행복했다. 매일매일 내 하루의 목표는 '오늘을 어떤 이야기로 친구들을 재미있게 해 줄 것인가'에 대한 것이었다.

첫 미팅, 독일 빵집

이제 대학생(?)이 되었으니 미팅 이야기를 빼놓을 수 없다. 1학년은 한 학기 동안 외부출타가 금지다. 휴대폰 사용도 금지다. 지금 생각해보면 입대한 병사들의 아픔을 6개월 이나마 느껴보라는 취지가 아닌가 생각한다.

1학년의 미팅은 4학년이 운을 띄우고 3학년이 주도한다. 여대에 다니는 학생들과 미팅을 했다. 아직도 잊을 수 없다. 일반적으로 대학생들이 미팅을 어떻게 하는지 모르지만 우리는 3금 제도(금주, 금연, 금혼)가 있었기 때문에 맨 정신으로 '독일 빵집'에서 했다. 동기 3명과 동시에 했는데

육사라는 버스에 무임승차하지 마라

우리의 목적은 미팅이 아니었다. 주말에 배달 음식이 너무 먹고 싶었다. 그래서 3학년 선배*에게 부탁했다. 그리고 3:3 만남이 주선되었다.

우리는 피자와 양념통닭을 시켰다. 처음 보는 여자를 앞에 두고 양념통닭을 먹고 있는 것이 제정신 아니라고 생각할지 모르겠으나 우린 강행했다. 우리는 대화할 생각이 전혀 없었고 정신없이 피자와 통닭을 뜯었다. 그 여학생들은 아마 동물원에 온 느낌이었을 것이다. 그냥 입이 너무 즐거웠다는 것 말고는 무슨 말을 했는지, 들었는지 생각이 안 난다. 하지만 이 한마디는 기억난다.

"술 안 먹고 미팅해 본 건 처음이네요."

또한 핸드폰이 없기 때문에 전화번호를 받으면 이메일을 주고받거나 공중전화로 통화를 해야 했다. 물론 다시 전화하지는 않았다.

| 부조리의 시작

내가 장교로 임관하고 생도생활을 돌이켜보니 부조리는 여기서 참 많이 배웠다. 일반적인 육군 병사생활은 21개월인데 생도들은 4년 동안 상·하급 관계가 형성되어 있으니 부조리가 많을 수밖에 없다. 정말 많았는데 사실 거의 기억이 나지 않는다. 기억하는 몇 가지만 적어보겠다. 물론 규정에 나오는 것이 아니라 대대로 전해 내려오는 것이다. 야전

...

* 부분대장 생도. 4학년은 분대장 생도.

부대와 비교해보면 비슷한 점이 많다. 물론 지금은 없을 것이고 야전에서도 거의 없을 것이다.

- **1학년끼리는 PX에 갈 수 없음**
이는 아마도 1학년들이 아직 잘 모르고 혹시나 사고가 있을 수 있으니 상급생과 동행하라는 의미인 것 같은데 상급생에게 '같이 PX에 가 주십시오.' 라고 말하는 것 자체가 쉽지 않다. 보통은 상급생들이 가자고 하면 같이 간다. 간혹 못된 상급생들은 1학년들을 데리고 '전투력 측정'이라는 명목으로 과자를 몇 만 원어치 사서 다 먹게 한다. 그러면 다시는 상급생에게 PX에 가자는 말을 못 한다. 아니 더러워서 안 한다. 내 분대장들은 모두 그러지 않으셔서 행복했다.
[야전] 이등병은 혼자서 PX에 갈 수 없음.

- **1학년, 2학년 구두(또는 전투화)에 물광 내기**
2학년이 오후에 자신의 구두(또는 전투화)를 점심시간 동안 반짝거리게(보통 얼굴이 비칠 정도로) 만들어서 오후에 학과 출장을 위해 집합하면 1학년들이 제대로 닦았는지 확인한다.
[야전] 외출·박 전에 흔히 A급이라고 말하는 전투화 신기.
→ 이 부분은 문제가 많다. 전투화를 개인당 2세트 보급 받는데 하나는 고이 모셔 둔다. 전시를 생각한다면 둘다 골고루 신어야 한다.

- **4학년 식사 속도에 맞춰서 먹기**
이건 어찌보면 '예의'라고 할 수도 있다. 예를 들어 집안에 어르신이 식사 중이신데 먼저 일어난다거나 식사를 다하셨는데 나 때문에 기다리신다고 하면 굉장히 그 자리가 불편해질 수 있다. 하지만 달리 생각하면 1학년의 입장에서는 4학년이 먼저 밥을 받아 먹기 때문에 1학년은 가장 늦게 받아서 밥 먹을 시간이 부족해진다. 그리고 대부분 1학년이 가장 밥을 많이 먹는다.
[야전] 분대장이 다 먹으면 식사 끝.

육사라는 버스에 무임승차하지 마라

3금 제도, 신독(愼獨)

금주, 금연, 금혼. 이 세 가지가 바로 3금 제도다. 처음 이 말을 듣고 나는 여기를 나갈까 말까 고민했다. 금주, 금연이야 원래 안하던 거니 안 할 수 있는데 금혼은 남중, 남고를 나온 나에게 죽으라는 소리 같았다. 그나마 다행인 것은 생도생활 4년 동안만 적용되는 것이었다. 나이스!

신독이라는 말은 '홀로 있을 때도 도리에 어긋남이 없도록 언행을 삼감'이라는 뜻이다. 즉, 누가 보고 있지 않더라도 이러한 3금 제도를 지키라는 것이었다.

첫 번째 MT(Military Training)

내가 알고 있던 MT는 'Membership Training'의 약자였는데 육사에 입학하고 나서는 바뀌었다. 여름에 훈련을 떠나기 때문에 '하기 군사훈련' 또는 '하훈'이라고 부른다. 1학년은 부사관학교, 육군훈련소 등에서 위탁 교육을 받는다. 육사 자체에서는 교관이나 훈련장이 제대로 마련되어 있지 않기 때문이다.

사실 잘 기억이 나지 않는다. 그냥 덥고 짜증났으며 생활관에서 훈련장까지 보통 10km내외로 두세 시간을 걸어가야 했다. 훈련은 안 힘든데 그게 너무 힘들었다. 그래서 훈련에 집중이 잘되지 않았다. 전시를 생각한다면 지금 상태가 맞겠지만 교육성과 측면에서만 보자면 차량을 지원해서 가는 것이 좋을 것 같다는 생각을 했다.

007 가방, 내부에는 뭐가 있을까?

미팅이나 소개팅을 하면 여학생들이 궁금해 하는 것이 있었다.

"그 가방에 뭐가 들었어요?"

이건 진짜 100명 중 99명이 물어본다. 환상을 깨고 싶지는 않지만 비가 오는 날에는 우의,* 서울 인근에 거주하는 생도들은 빨랫감, 읽을 책, 치킨** 등 상상치도 못한 것들이 있다. 여학생들은 총이나 다른 것들이 들었을 거라고 생각한다. 지금 생도들은 무엇을 넣고 다닐지 모르겠지만 총은 없다.

가장 두려운 순간, 귀영점호

일요일 밤 8시에 '귀영점호'라는 것을 한다. 주말에 잘 쉬고 왔는지

...

* 당시 생도 규정상 우산 사용이 금지였다. 우의는 초록색이다. 사실 디자인은 입고 싶지 않을 정도다. 내가 3학년 때는 규정이 개정되어 우산 사용이 가능했다.
** 1학년들이 출타가 불가하니 상급생들이 사다 주거나 동기들과 먹을 것을 사오는 경우가 많았다. 물론 당시 생도규정 상에는 하면 안 되는 일이었다.

육사라는 버스에 무임승차하지 마라

상·하급생 얼굴도 보고 주말에 있었던 각종 사건·사고를 생생하게 전달 받는다. 귀영점호 막바지에 연대 당직사령* 생도가 우렁찬 목소리로 이야기 한다.

"○월 ○일 ○시 ○분경 ○○지하철역에서 ○○○행동을 했던 인원은 귀영점호 즉시 연대인사과장(군기 담당의 최고봉) 생도에게 용무 볼 것(또는 2대대 중앙현관에 집합할 것). 이상!"

위와 같이 말하며 홀연히 사라진다. 그 말이 있고 난 뒤에는 웅성웅성거리는 소리가 난다. 그리고 각 학년들은 생각한다. '제발 우리 학년이 아니었으면…' 그 사건의 중심에 서게 되는 학년은 이미지가 좋아지지 않는다. 그리고 중대한 사안의 경우 '연대 책임'을 지기 때문에 모두가 부담스러워 한다.

2학년이 되기 위한 벽돌 깨기

1학년이 2학년으로 진학하기 전 많은 얼차려와 교육을 받는데 이를 '벽돌 깨기'라고 한다. 사실 나는 경험하지 못했다.

1학년 태권도 마지막 교육 시간이었다. 태권도 교관은 마지막 시간을 기리기 위해 닭싸움을 제안했다. 정확하게 인원을 반으로 나누고 시합

...

* 생도들도 당직 근무를 하는데 3, 4학년 생도만 실시하며 밤을 지새우지는 않고 취침 인원 파악 등 업무가 종료되면 생활관으로 복귀한다. 1, 2학년 생도들은 불침번 근무를 실시한다.

을 시작했다. 우리는 젊었고 승부욕이 넘쳤다. 나는 위에서 아래에 찍어버리기 위해 크게 점프를 했다. 그런데 누군가 내 허리를 무릎으로 찍었다. 나는 새처럼 날아 멋지게 착지하려 했으나 이상하게 떨어졌고 발목이 접히면서 우두둑하는 소리가 났다. 진짜 너무 아팠다. 나를 쳤던 그 동기는 사과도 하지 않았다. 아마 나를 싫어했었나 보다.

바로 육사병원으로 가서 진료를 받으니 발목 인대가 찢어져 있었다고 했다. 나는 벽돌 깨기를 못하고 빙판에서 미끄러진 동기생 한 명과 병원에서 편히 지냈다.

때문에 내가 장교 임관 후에는 절대 닭싸움을 시키지 않았다. 이것은 전투도 하기 전에 전투력 손실을 가져오는 이상한 게임이라고 생각했다. (전투를 하지 않고 발생하는 병력 손실을 '비전투 손실'이라 부른다.)

나는 2학년이 되어서도 1학년을 괴롭히지 않았다. 내가 1학년 때 2학년 선배들도 나를 괴롭히지 않았으며 일부 2학년 선배가 괴롭히는 것을 보고 '나는 저러지 말아야지.'라고 생각했기 때문이다. '교육'이라는 것의 무서운 점은 나중에 내가 그 위치에 갔을 때 내가 당한 대로 한다는 것이다. 잘못된 것은 제발 바로 잡는 생각 있는 생도들이 되었으면 한다.

교장이 되어서 교육제도를 바꾸자

"당신이 언제 성공하게 될지는 중요하지 않습니다. 도중에 넘어질 수도 있죠. 하지만 계속 노력한다면, 실패를 넘어설 수 있습니다. 사실 실패만한 것이 또 없어요. 실패는 당신을 다른 방향으로 움직이게 해 주니까요."

— 오프라 윈프리

무슨 배짱이었는지 우리들은 취침 시간이 되면 침대에 나란히 누워서(3인 실1) 생도대에서 느끼는 불합리한 관행들에 대해 이야기하면서 '육사의 미래'에 대한 토론했다. 1학년이었기 때문에 불합리한 관행에 민감했는지 모르겠다. 대부분 '이대로 가서는 육사의 비전이 없다. 아니 육군의 비전이 없다.'였고 항상 마지막은 '우리가 육사교장이 되어서 교육제도를 바꾸자.'였다. 동기들이 그 위치에 가면 과연 우리가 나누었던 이야기를 기억할지 모르겠다.

사실 '불합리한 관행'이라기보다는 천편일률적인 집단 장교 양성소랄까? 당시에는 그런 느낌을 동기들과 많이 이야기했다. 그러면서 이렇게 이야기하는 동기도 있었다.

"창의성 없는 똑같은 장교 100명 만드는 것보다 이순신 장군과 같은 위대한 1명을 만드는 교육이 더 좋지 않을까?"

항상 답은 없었다. 서로의 의견을 교환하며 꿈을 그렸다.

군사학 시간에는 항상 야전교범(Field Manual)에 적힌 내용을 그대로 적어야 점수를 잘 받았다. 창의적인 생각을 적었다가 교관님의 마음에 들지 않으면 제대로 된 점수를 받지 못했다. 사실 요즘과 같이 첨단 무기 체계들과 똑똑한 장교들 사이에서 책에 있는 대로 싸우는 것은 어불성설이라 느꼈다. 오히려 야전교범에 적힌 핵심 내용을 기준으로 많은 창의적인 아이디어를 토론하는 것이 더 좋지 않을까라는 생각을 했다. 하지만 군사학은 1학점이어서 나는 물론 동기들도 그렇게 중요하게 생각하지 않았다. 게다가 시간이 너무 부족했다. 다만 그 부족함은 하기 군사훈련을 통해 채웠다.

▎동기들에게 욕하다

"하지만 쓰라린 경험을 되풀이하지 않으려면 또 다시 변화해야 했습니다. 지금까지의 나를 버려야 했습니다. 현재의 나를 버려야 가벼운 마음으로 더 나은 나를 만들 수 있다는 걸 경험으로 잘 알고 있었습니다."

—『더 큰 나를 위해 나를 버리다』

나는 상당히 직설적이고 성격도 더럽다. 잘못된 것은 그 자리에서 시정해야 하며 말도 상당히 거칠다. 예를 들자면 나는 초등학교 6학년 때에도 5학년 짱이라는 녀석이 말을 싸가지 없이 해서 싸우고 실컷 맞았다.

생각해 보니 힘든 일은 내가 자처했다. 다만 항상 동기들에게 욕을 했다.

"XX 같이 좀 하자. 하기 싫음 그냥 가든지."

나는 뒷짐 지고 놀고 있는 동기들을 보면 눈알이 핑 돌았다. 다 같이 모여서 빨리 끝내면 되는데 저렇게 놀고 있으면서 다같이 늦게 가는 것이 싫었다.

육사에는 동기생끼리 서로를 평가하는 '적성평가'라는 제도가 있다. 여러 가지 항목에 대해서 익명으로 동기를 평가하고 장·단점을 적어 준다. 그리고 이 결과가 계속 좋지 않으면 퇴교심의위원회에 회부되어 퇴학을 당할 수 있다.

1학년 때 나는 '적성 저열자'였다. 충성심 등은 5점 만점에 가까웠으나 대인관계 부분에서는 1~2점이었다. 나는 억울했다. 열심히 했는데 동기생들이 나를 이렇게 생각한다는 것 자체가 불쾌했다. 하지만 어쩌겠는가? 사람들이 그렇게 생각하는 것을. 내 단점에 입에 담지 못할 말들이 많이 적혀 있었다.

그 뒤로 나는 착한 사람으로 변했다. 사실 별로 마음에 들지는 않았다. 나의 본 모습을 감추고 가면을 쓰고 살아가는 것 같아 싫었다. 하지만 졸업을 위해서는 어쩔 수 없었다. 그리고 그렇게 생활하다보니 지금까지도 내 성격은 많이 변했다.

적성평가는 정말 괜찮은 제도인 것 같다. 이런 것이 없었다면 남이 보는 나의 모습을 영원히 알지 못했을 것이다. 그리고 장교로 임관해서도 부하들에게 폭언·욕설을 하는 못된 인간이 되었을 것이다.

┃ 무인 판매대

PX까지 가기 귀찮거나 야간에 배가 고플 때 먹을 수 있도록 4학년 명예위원생도들이 생도대 휴게실에 '무인 판매대'라는 것을 운영했다. 명예위원생도가 PX에 가서 과자, 음료수 등 먹을 것을 사와서 무인 판매대에 가격만 적어 놓는 것이다. 물론 이득을 챙기지 않는다. 여기서도 '신독'을 강조한다. 내가 먹었으면 돈을 내고 가면 된다. 만약 결산을 했는데 돈이 부족한 경우는 중대 전체 분위기가 안 좋아진다. 누군가가 무전취식을 한 것이기 때문이다. 이는 '범죄행위'로 여겨졌다.

처음에는 이런 것이 제대로 시행되지 않을 줄 알았는데 알고 보니 거의 항상 이익금이 남았다. 이런 무인 판매대로 생도들에게 '신독'을 가르치는 것도 나름의 의미가 있었던 것 같다.

육사라는 버스에 무임승차하지 마라

003
1학년 교육하는 2학년

| 옷방, 차별, 외박하지 못하는 중대귀신

생도 1학년은 1학기 동안 출타금지. 1학년 2학기가 되면 매월 1회 외박, 2회 외출이 가능했다. 그리고 2학년부터는 매주 외박이 가능했다. 하지만 서울 및 경기도 권역에 거주하지 않는 생도들은 나가서 외박을 할 수도 없었고 불편한 정복을 갈아입을 곳도 없었다. 그래서 생도시절에 많이 활성화 되었던 것이 '옷 방'이라는 것이었다.

하지만 훈육요원들은 이 '옷 방'을 육사 명예를 실추시키는 각종 사건·사고의 온상으로 보고 모두 없앨 것을 지시하셨다. 나도 동기 몇 명과 석계역 인근에 옷 방을 운영(?)하고 있었는데 그날 이후로 폐쇄했다. 나는 억울했다. 서울, 경기도에 집이나 연고지가 있는 생도들을 제외한 나머지는 모두 잠재적 범죄자 취급을 하는 것 같다는 생각이 들었다.

서울, 경기도 지역에 거주하는 생도들은 집에 가서 편한 옷으로 갈아입고 자유롭게 활동을 할 수 있어 불공평해 보였다. 더군다나 그들은 매주 가족도 볼 수 있었다. 그렇지만 나처럼 서울, 경기도 지역에 연고지가 없는 생도들은 가족도 못 보는데 정복까지 입어야 하다니. 정복을 입고 있으면 활동도 정말 불편했다. 3~4시간 정도 외출을 하면 지친 몸을 이끌고 항상 육사로 돌아와 취침이 아닌 실신을 했다.

주말에 외박, 외출을 하지 않는 생도를 우리는 '중대귀신'이라고 불렀다. 나도 중대귀신이었다. 전혀 귀신이 될 생각이 없었지만 여건이 그랬다. 만약 여러분들이 주요 의사 결정자의 위치에 간다면 어떤 지시를 내릴 때, 역차별의 요소는 없는지에 대해 곰곰이 생각해 주기를 바란다.

ㅣ기수생도, 1학년 생도 호실 출입금지

생도들에게는 '자치 지휘근무'라는 제도가 있었다. 가장 위 4학년 연대장 생도부터 가장 아래 1학년 분대원 생도까지 야전부대와 동일하게 편성을 해서 자치적으로 지휘하는 것이다.

2학년 생도들은 보통 1학년 생도 교육을 맡았다. 1학년 생도들은 2학년 생도들에게 호실 정리정돈부터 각종 군대 예절 등에 대해 교육을 받았다. 그리고 2학년 생도들 중 기수생도라고 하는 1학년 군기 담당 생도가 있었다. 그들의 임무는 1학년을 공포에 몰아넣어 말을 잘 듣도록 하는 것이었다.

육사라는 버스에 무임승차하지 마라

그러던 중 나의 동기인 기수생도가 1학년 호실에 들어가서 교육하고 있는 것을 훈육요원께서 보시더니 "아직도 이런 미개한 문화가 남아 있나!"라고 한탄하시면서 2학년 생도들의 1학년 생도 호실 방문을 금지하셨다. 그리고 3학년 생도들에게 1학년 교육을 맡을 것을 지시하셨다. (야전에서도 비슷한 일이 있는데 요즘은 '퇴근 개념의 동기생 호실'을 운영한다. 즉, 일과가 끝나면 동기들만 있는 호실에 가서 편하게 쉬고 선임들의 출입을 제한한다.) 사실 나는 좋았다. 교육하는 것이 정말 귀찮았는데 너무 감사했다.

야전에서 보면 별 일이 다 있다. 선임들 보고 들어가지 말라고 하니 후임 생활관 앞에서 야단을 치거나 아예 불러내서 괴롭히는 등의 일이 많다. 장교로 임관해서 임무 수행할 때 병력들 휴식 여건을 명확하게 보장해 주기 위해 이런 일들은 발본색원할 필요가 있다.

▌두 번째 MT, 아직 늦지 않았으니 나가라

2학년 하훈의 꽃은 바로 공수훈련이다. 총 네 번의 강하를 하게 되는데 열기구 강하 2회, 치누크 헬기 강하 1회, C-130(또는 CN-235) 수송기 강하 1회를 실시한다. 이 4번의 강하를 하기 위해서 체력을 엄청 키워야 한다. 체력단련을 하고 강하연습을 무한히 반복한다. 착지자세가 불안정하면 골절이 있을 수 있기 때문에 이렇게 연습하는 것이다. 실제 특전사 교관도 우리에게 강하하는 모습을 보여주다가 하체가 골절되어 다음날부터 하훈이 끝날 때까지 얼굴을 볼 수 없었다.

가장 기억에 남는 것은 비오는 날의 체력단련이었다. 안 그래도 더워서 힘들었는데 비가 오니 기분이 그냥 좋았다. 공수훈련도 기수가 있다. 우리는 공수기본 676기였다. 교관은 우리들의 목소리가 작다는 것을 핑계 삼아 팔 벌려 높이뛰기를 676회를 시켰다. 할 때는 너무 힘들었는데 하고 나니 뭔가 뿌듯했다.[*]

강하 전에는 종교가 없던 사람들도 모두 절실한 종교인이 된다. 나도 무교였지만 세상에 있는 모든 신에게 제발 살려달라고 기도했다. 아마 여러분도 강하하기 전에 신에게 살려 달라고 기도드릴 것이다.

특수전 교육단에 들어서면 탑이 하나 보이는데 '안 되면 되게 하라.'라는 무시무시한 말이 적혀있다. 처음엔 '안 되면 안 되는 거지 뭘 되게 하라는 거야?'라고 생각했다. 하지만 군생활을 하면서 많은 전쟁사를 공부해 보니 그게 바로 군인정신인 것 같다. (뒤에 언급하겠지만 부하에게 여건 보장도 안 해 주고 안 되는 걸 되게 하라고 지시하는 사람은 사람이 아니다. 물론 이순신 장군처럼 스스로 해낼 수 있지만 그건 정말 극한 상황이고 평소에는 그럴 일이 없다.)

하훈을 마치면 생도대에 먼저 복귀한 선배들이 줄지어 서서 박수를 치면서 한마디씩 해 주신다. 3, 4학년 선배들은 2학년들에게 "아직 늦지 않았으니 나가라."라고 이야기한다. 그리고 선배들이 하는 이야기는 매년 조금씩 달라진다.

...

[*]   참고로 말해 주면 그때 무좀이 생겨서 아직도 나를 괴롭힌다. 전투화가 젖으면 반드시 갈아 신어라.

ㅣ모교 홍보

나는 여고에 대한 환상에 젖어 있었다. 남중·남고·육사 (게다가 중·고등
학교는 동일한 학교다.) 이렇게 다니니 여자를 본 적도 없고 말을 걸어 본 적
도 없다. 우리 부모님이 참 공부할 여건을 잘 마련해 주신 것 같다.

2학년이 되면 모교 홍보가 있다. 자신의 모교에 가서 육사를 홍보하
고 오고 싶어 하는 인원들의 명단을 적어서 학교에 제출하는 것이다.
일단 우리 학교는 남자 고등학교니 금방 끝냈다. 그리고 기다리고 기다
리던 여고에 여생도 동기와 가게 되었다. 우리 어머니의 고등학교였다.

학교에 들어가니 선생님께서 뭔가 비밀스러운 통로로 안내하셨다.
학생들의 수업을 방해하지 않기 위해서다. 갔더니 100명 정도 되는 여
고생이 소리를 질렀다. 이 맛에 연예인 하는가 보다. 그런데 뭐 없다. 그
냥 나는 서 있다가 왔다. 여생도 동기의 모교이기 때문에 내가 뭐라 할
말이 없었다.

ㅣ일본 해외문화 탐방

일본은 딱히 기억에 남지 않는다. 항상 그랬지만 나에게 사전 조사란
없다. 그냥 따라다니는 스타일이니까. 그냥 우리나라와 굉장히 비슷해
보였다. 여러분들은 그냥 따라다니지 말고 꼭 무엇인가 건지길 바란다.

004
엄마 역할을 하는 3학년

| 1, 2학년 군기 담당 행정보좌관

나는 험상궂은 외모 덕분에 1, 2학년의 군기를 담당하는 3학년 행정 보좌관 생도가 되었다. 선배들이 내 외모를 마음에 들어 했다. 1, 2학년을 벌벌 떨게 할 수 있을 것 같다고. 스스로 걱정하는 바와 달리 나도 직책이 있다 보니 본의 아니게 화난 척을 많이 했다. 그리고 한 가지 원칙은 반드시 지켰다.

학교에는 상·벌점 제도가 있는데 사유를 적는 란에 반드시 '생도규정 몇 조 몇 항 어느 내용에 의거 몇 점의 벌점을 부과함.'이라고 명시했다. 나중에 뒷말이 없게 하기 위해서다. 간혹 행정보좌관 생도 중에 한 번에 벌점을 수백 점씩 매기는 사람도 있었는데 나는 그렇게 하지는 않았다. 명확히 잘못한 사항에만 벌점을 부여했다. 벌점이 일정 점수 이상이 되면 주말에 '보행'이라는 얼차려를 받아야 했기 때문이다.

우려와는 달리 생각보다 재미있었다. 생도생활을 통틀어 가장 재미있는 시간이었다. 4학년 선배들도 좋았고, 동기도 좋았고, 후배들도 좋았다. 그리고 제식연습을 할 때면 자세, 목소리 등 거의 항상 우리 중대가 1등을 했다. 모두가 중대 일원인 것을 자랑스러워했고 각자의 자리에서 최선을 다했다. 이런 분위기가 너무 좋았다.

여러분들도 장교로 임관하면 이런 부대를 만들기 바란다. 이 부대에 있어서 자랑스럽고, 열심히 해서 부대를 더욱 빛내고 싶은 그런 부대. 모두가 같이 즐겁게 일할 수 있는 부대를!

| 중국(북한 접경지역) 해외문화 탐방

진짜 기억에 남는 것은 북한군의 모습이었다. 전시에 내가 싸워야 할 군인들인데 너무 불쌍해 보였다. 완전 바짝 마른 몸에 갈색 누더기 천을 덮어 놓은 것 같았다. 그리고 빨간색 글씨도 굉장히 원색적인 내용이 많이 적혀 있었다. 김일성, 김정일을 찬양하는 내용이었다. 뭔가를 무찌르고 투쟁하자는 내용 등의 글씨만 봤는데 '싸우자!'라는 분위기였다. 보면서 '싸우면 100퍼센트 이기겠다.'라는 확신이 들었다. 여러분도 가면 느끼게 될 것이다.

| 세 번째 MT, 진짜 나갈 수 있는 마지막 기회!

3학년은 유격훈련을 한다. 진짜 온몸에서 악취가 난다. 산을 오르다가 등산객과 마주쳤는데 그 등산객이 코를 막고 지나갔다. '육사'라는 부대마크를 떼어 내고 싶을 정도였다.

매일 도착해야 할 지점이 있는데 늦게 도착하면 취침할 시간이 없다. 물론 일찍 도착하는 동기들이 가끔 있었다. 대부분 적게는 1시간 많게는 4시간 정도 취침을 하고 매일 행군을 했다. 정말 너무 힘들었다.

나침반을 잃어버렸을 때 가장 힘들었다. 행군을 마치고 전투장구류확인을 하는데 내가 가지고 있던 나침반이 사라진 것을 알게 되었다. 당시 훈육관님께서는 왔던 길을 되돌아가서 찾아오라고 지시하셨다. 참담했다. 나 하나의 실수 때문에 모두가 다시 이 지옥 같은 행군을 다시해야 한다니. 차라리 혼자가라면 가겠지만 다 같이는 못 갈 것 같았다. 결국 가지 않기는 했지만 동기들에게 잠시나마 두려움을 안겨 준 것이아직까지도 미안하다.

또 한 가지 기억에 남는 것은 '야전취식'이었다. 반합, 실탄, 생쌀을 주면서 밥을 해 먹으라고 한다. 사실 어렵지는 않다. 일단 실탄의 탄자를 빼면 된다. 그러면 내부에 화약이 있는데 불이 굉장히 잘 붙는다. 불에잘 탈것들을 준비해서 나무 위에 화약을 놓고 비비면 불이 붙는데 이때지푸라기 등에 불을 붙여서 땔감에 옮긴다. 그리고 반합에 물을 끓여밥을 하면 생각보다 맛있다.

| 기초군사훈련 파견

꿈에 그리던 기파생도를 하게 되었다. 기초군사훈련 때 그렇게 괴롭힘 당했는데 나에게 이런 기회가 오다니! 나는 신입생들을 봤다. 너무 어린아이들 같았다. 그래서 나는 오히려 잘해 주게 되었다. 어느날 당시 구대장님이셨던 훈육장교님께서 나를 부르셨다.

"구 생도. 인기가 좋아. 그런데 여기는 인기를 위한 곳이 아니잖아. 우리가 여기서 임무 수행하는 이유를 잘 생각해 보라고."

그리고는 수양록에 내가 착하다고 적어 놓은 기훈생도들이 많다고 하셨다. 혼란스러웠다. 그 날 이후로 화난 척을 많이 했다. 그래서 수양록에는 '구민우 생도가 가장 무섭다.'라는 내용이 나오기 시작했다.

나는 '갑돌이'였다. 평소에는 잘해 주었다. 예를 들어 집합시간이 잘 지켜지고 교육 훈련 성적이 우수하면 항상 칭찬해 주었다. 하지만 잘못한 게 있으면 동물로 변했다. 잘못한 생도들을 마구 물어뜯었다. 한번은 식사통제를 하고 있는데 한 명이 정말 개구리가 먹이를 낚아채듯이 밥을 먹고 있었다. 직각식사라 어쩔 수 없지만 너무 웃겨서 뒤로 돌아서 얼굴을 가리고 한참을 웃었다. 그리고 불려가서 혼났다. 함부로 이빨 보이지 말라고.

새벽에 일찍 일어나서 뜀걸음을 같이 해야 하는데 나는 거의 참여한 적이 없다. 시험 기간이 겹쳐 있어 힘들기도 하고 아예 알람을 듣지 못했다. 그래서 같이 기파생도를 했던 동기들에게 항상 미안했다. 미안하면서 고마웠던 것은 동기들이 그렇게 힘들게 하면서도 나에게 싫은 소리 안 했다는 것이다. 아직까지도 가슴 깊이 간직하고 있다.

　나는 여기서 신비로운 경험을 했다. 정말 시간이 부족한데 생도생활을 통틀어 성적이 가장 좋았다. 바쁠수록 집중력이 높아지나 보다.

　　　　　　　　　　　　　　육사라는 버스에 무임승차하지 마라

005
아빠 역할을 하는 4학년

| 결혼식 예도 지원

지금은 없어졌는데 육사에서 결혼을 하면 생도들이 '예도 지원'*이라는 것을 한다. 주말에 10명 정도를 모아서 4학년 생도가 통제해서 지원한다. '예도 적금', '예도 펀드'라고 말할 정도로 한번에 3만원에서 많게는 5만원까지 받았다. 게다가 뷔페까지 공짜로 먹었다. 나는 주말에 할 것도 없고 돈도 부족하니 5번 정도 했다. 그러다 한번 사건이 발생했다.

예도 지원을 하면 각 중대에서 인원들이 모인다. 그래서 결혼식 1시간 전에 만나서 연습을 하고 예식장으로 간다. 나는 미리 모여서 다른 장소에서 연습하는 것보다는 아예 결혼식장에서 맞게 연습을 해야겠

· · ·

* 지원을 하고 나면 어떤 선배님은 돈을 주시기도 하고 어떤 선배님은 안 주시기도 했다. 보통 돈을 주시면 그 결혼을 진심으로 축복해 드렸던 기억이 있다.

다는 생각에 갔는데 상상하지 못한 일이 발생했다. 그곳에 있던 졸업한 선배들이 우리 예도 인원들과 이야기를 나누고 있는 것이다. 예도 인원들에게 모이라고 이야기했지만 오지 않았다. 우리는 연습이 전혀 되지 않은 채로 예식장에 섰다. 완전 개판이었다. 누가 봐도 부끄러운 광경이었다. 발은 하나도 맞지 않았고 우왕좌왕했다. 예도가 끝나고 무대 뒤로 어떤 선배가 나를 불러서 다그쳤다. 육사 명예에 먹칠을 했다고. 나는 억울했다. 본인들이 연습할 인원들을 이야기한다고 데려가서 연습하지 못하게 했으면서 화는 나에게 내는 것이다. 물론 내 판단도 틀렸다. 미리 연습을 하고 예식장에 갔어야 했다. 꾸중을 들으면서 '나는 부하들이 실수하면 항상 이유에 대해 들어줘야겠다.'라는 생각을 했다. 변명이 아닌 이유를….

| 4학년의 아지트, 명예위원생도 호실

예전에는 '4학년은 장군 계급장과도 바꾸지 않는다.'라는 말이 있었다고 한다. 좋긴 좋았다. 우리의 아지트는 4층에 있는 명예위원생도 호실이었다. 그곳은 원래 상담을 위한 탁자와 각종 차들이 있다. 하지만 우리 명예위원생도 호실은 조금 달랐다. 토스트기, 각종 라면 등 우리가 배고프지 않도록 자비를 베푸는 공간이었다. 그래서 배가 고프면 명예위원생도 호실에서 배를 채웠다.

육사 명예 실추 사건, "니들이 생도야?"

언급하기는 어렵지만 굉장히 많은 사건들이 있었다. 그래서 모든 생도들은 완전군장 복장으로 강당에 집합해 교육을 받았다. 훈육요원께서 사자후를 날리셨다.

"니들이 생도야?"

그리고 연대책임을 졌다. 몇 시간 동안이었는지 기억은 나지 않지만, 밤 10시가 넘도록 완전군장으로 뜀걸음을 했다. 정말 힘들었다. 돌아와서 많은 생각을 했다. 내가 훈육요원으로서 이런 상황을 마주한다면 어떻게 할 것인가? 여러 가지 대안이 있을 것이다. 교육제도의 문제라고 생각하는 사람, 생도 개인의 문제라고 생각하는 사람, 생도들 전체적인 분위기가 문제라고 생각하는 사람 등. 결국 답을 내지는 못했다. 여러분들도 어떤 사건이 있으면 그냥 그렇구나 하며 넘어가지 말고 '역지사지'로 생각해 보는 것도 좋은 습관이 될 것이다.

모두에게 상처를 남긴 체육대회 기마전

체육대회 기간에 기마전을 했다. 정말 말이 많았다. 시행과정에 말썽이 많았기 때문이다. 4학년이 말을 타고 아래 하급 생도들이 말의 임무를 수행했다. 워낙 승부욕이 강한 생도들이다 보니 상·하급 생도 간에 고성과 욕설이 오갔다. 끝나고 나서도 주먹다짐 직전까지 분위기가 험

악해졌다. 이를 통해 느꼈다. '야전에서 기마전은 절대 시키면 안 되겠구나.'라고.

| 네 번째 MT, 유언을 적으며 눈물을 흘리다

4학년 하훈 전투시작 전날 밤 전원이 유언을 적었다. 진짜 죽으러 가는 것도 아닌데 가족을 생각하니 눈물이 계속 나왔다. 유언을 다 적고서는 손톱 조금, 머리카락 조금과 함께 봉투에 넣었다. 여러분도 임관하고서 가장 먼저 해야 할 것이 유언을 적는 것이 아닌가 한다. 우리나라는 언제 전쟁이 발발할지 알 수 없다. 그러니 반드시 적어야 한다. (유언을 적으면 전투 의지와 생존 의지가 고취된다.)

4학년 하훈* 때 나는 중대장 생도였다. 물론 원해서 한 것은 아니었지만 인간적으로 너무 못했다. 나는 아무 생각이 없었다. 그냥 훈육관님만 따라 다니면 훈련이 끝나는 줄 알았다. 예행연습도 안했고 지형정찰도 안했다. 공격훈련을 시작하니 까마득했다. 어디로 어떻게 가야 할지도 몰랐는데 적 중대 특수전 임무를 수행하는 인원들이 포탄을 낙하시켜 병력의 40%가 길에서 죽었다. 참담했다. 이게 실제 전투였다면 멍청한 중대장 밑에 있는 백여 명 이상의 부하들이 싸늘한 주검이 되었을 것이다. 그때 진짜 생각 없이 군생활 하면 안 되겠다는 것을 느꼈다.

...

* 1대대 생도들은 1중대. 2대대 생도들은 2중대로 편성해서 쌍방 교전을 한다. 2대대는 북한군 전투복을 입고 북한군 전술을 사용한다.

육사라는 버스에 무임승차하지 마라

006
졸업을 준비하는 5학년

▍병과 소개 교육

　병과 소개 교육에서 아쉬웠던 점은 모든 병과에 대해 소개받지 못했다는 점이다. 주요 병과는 전 인원이 들었지만 소수 병과 같은 경우에는 '들을 사람은 와서 들어라.'라고 방송하는 바람에 방송을 듣지 못하고 못간 사람도 많았다. 그리고 병과 소개 교육 시에 실질적인 야전생활보다는 장밋빛 미래만을 제시하는 것 같아 아쉬웠다. 현실을 이야기하고 '이런 점은 좋고 이런 점은 좋지 않지만 여러분들이 좋지 않은 점은 이런 식으로 고치면 더 나아질 것이다.'라는 교육을 듣고 싶었다. 왜냐하면 생도들을 흔히 '온실 속의 화초'라고 부를 정도로 아무것도 모르기 때문이다.

사회와 거의 단절되어서 생도들끼리만 생활하고 또 대부분의 일들은 훈육요원들께서 다 해 주신다. 생도들이 스스로 무엇을 계획해서 추진하는 등의 일은 거의 없다. 그런 생도들이 야전에 가기 전에 자신의 수십 년 군생활을 좌우할 병과를 선택해야 하는데 교육이 너무 부족했던 것이 아닌가 생각이 든다.

육사라는 버스에 무임승차하지 마라

CHAPTER 2

장교로서의
생활

"나는 청년의 실패를 흥미롭게 지켜본다.
청년의 실패야말로 그 자신의 성공의 척도다.
그는 실패를 어떻게 생각하는지? 어떻게 대처 했는지?
낙담하고 물러섰는지? 더욱 용기를 북돋아 전진했는지?
이것으로 그의 생애는 결정되는 것이다."

— 헬무트 폰 몰트케

001
명심해라, 장교는 비정규직이다

"어떤 기업이나 조직도 당신의 미래를 책임져 주지 않는다. 참신하고 혁신적이며 남들이 가지지 못한 노하우가 없다면 몸값은 갈수록 하락하게 될 것이다."

—『포커스 씽킹』

육군사관학교에 나처럼 금전적인 문제로 왔다면, 아니 오려고 생각한다면 다시 한 번 생각해 보기를 바란다. '육사 출신 장교'라고 하면 흔히들 '철밥통'이라고 생각한다. 나도 이런 생각을 가지고 있었다. 그리고 이러한 생각은 육사 선택에 큰 영향을 미쳤다. 하지만 현실은 다르다. 외부에서 '철밥통'이라고 생각하는 이유는 연금과 안정성 때문이지 않을까 한다.

그러면 첫 번째 연금부터 살펴보자. 군인의 연금은 19년 6개월 이상

복무한 자에게 주어진다. 19년 6개월을 복무하기 위해서는 중령 진급이 필수적이다. (물론 소령으로 복무를 하면 기간을 채울 수는 있으나 그렇게 하는 사람은 거의 없다. 그 전에 전역 지원을 하고 새 보금자리를 찾는다.) 다시 말하면 중령으로 진급하기 전까지는 여러분이 연금을 수령할 수 있을지 없을지 알 수가 없다는 것이다.

두 번째는 안정성이다. 여러분이 정말 열심히 잘하더라도 사람 일이라는 것은 알 수 없다. 군은 합법적으로 무력을 다루는 집단이기 때문에 사고 요인이 항상 존재한다. 그리고 여러분이나 여러분의 부하가 잘못된 생각을 조금이라도 가지는 순간 위기가 올 수 있다. 일반적으로 지휘관(중대급 이상 부대의 장)들은 매일이 걱정이다. 병력의 많고 적음을 떠나서 지휘관들은 부대원에게 무슨 일이 있지 않을까 항상 걱정한다. 그리고 혹시나 소중한 생명이 잘못 되지는 않을까 노심초사하게 된다. 그리고 언론에 알려지지 않은 사건들을 포함하면 생각보다 많은 사건·사고가 발생한다. 그리고 장교들은 그에 대한 책임을 진다.

002
군은 나라를 지키고,
병사는 나라를 이끈다

"떠밀려 가는 길, 마지못해 가는 길도 결국 내가 책임져야 할 길이다. 그러니 가고 싶은 길을 가라."

— 『가고 싶은 길을 가라』

간부, 병사들이 가장 많이 하는 말실수는 "아, 저런 놈이 병사로 들어와서 군생활 꼬이네."라는 말이다. 먼저 생각해 볼 것은 당신 아들이 군대에 갔는데 간부들이 그런 말을 한다고 생각해 보는 것이다. 그럼 분노가 솟구칠 것이다. 그런데 그런 말을 함부로 한다는 건 말이 안 된다. 내가 ○사단에 있을 때 간부들을 모아 놓고 참모장님께서 이런 말씀을 하셨다.

"군대의 오너는 누구인가? 국가다. 국가의 오너는 누구인가? 국민이다. 그러면 병사들은 누구인가? 국민의 자녀들이다. 오너의 자녀들에게 함부로 할 수 있는 사람이 누가 있는가?"

맞다. 군인은 나라를 지킨다. 하지만 병사들을 사회에 나가서 우리나라를 이끌어 세계적으로 위상을 떨칠 수 있게 한다. 병사들을 함부로 대하지 마라. 그들도 누군가에게 소중한 자녀다. (물론 병사뿐만 아니라 모든 사람에게 그래야 한다.)

우리가 어느 조직이든 들어가면 결정할 수 없는 것들이 많은데 그중에 두 가지는 나의 상급자와 부하다. 그들은 나의 마음에 들 수도 그렇지 않을 수도 있지만 대부분은 마음에 들지 않아 한다. 일생을 다르게 살았는데 맞을 수가 없다. 이게 싫다면 나가서 사업을 하면서 사장을 해라.

:: 장애인 여동생, 부끄러움 그리고 상처 ::

초등학생 6학년 어느 더운 여름이었다. 놀이터에서 놀다가 보니 어떤 여자아이가 내 여동생을 발로 차고 욕설을 하며 괴롭히고 있었다. 그런데 여동생이 쪼그려 앉아서 아무 대꾸도 하지 않고 맞고만 있었다. 너무 화가 나서 그 아이에게 뭐라고 하려고 가니 나를 보고 그 아이는 집으로 도망갔다. 나는 그 아이의 집까지 따라갔다. 그리고 문 앞에 서서 한참을 기다리니 아이가 엄마와 나왔다. 다짜고짜 나에게 화를 냈다.

"네 여동생 덜 떨어진 것 같은데, 내 딸 옆에 얼씬거리지 않게 관리나 똑바로 해!"

이렇게 말하더니 소리치고 문을 닫았다. 나는 아무 말도 못했다. 사실이었다. 내 여동생이 초등학교에 입학한 이후로 단순한 수학 계산을 하지 못하고 글도 잘 읽지 못했다. 그리고 어머니 주변 분들도 딸을 병원에 데려가서 검사를 꼭 받아보라고 권하셨다.

그렇게 여동생은 초등학교 3학년이 돼서는 수업을 더 이상 따라가지 못하고 왕따를 당했다. 그래서 병원에서 검사를 해 보니 다운증후군이라고 했다. 어머니는 다시 검사해 보라며 한참을 화내셨다. 그리고 집에 오셔서는 한참을 우셨다.

당시 어머니의 마음을 이해할 수는 없었지만 나는 울지 않았다. 부끄러웠다. 우리 가족이 장애인이라는 사실이 너무 부끄러웠다. 당시 내가 살던 지역에는 '남양학교'라는 장애 아동들을 위한 특수학교가 있었다. 그리고 친구들 사이에서는 공부 잘 못하고 이해력이 부족한 아이들에게 "너 남양이냐?"라고 놀리기도 했었다.

근데 내 여동생이 남양학교에 다닌다니. 지금 생각하면 내가 정말 나쁜 놈이지만 당시의 나는 우리 가족은 3명이며 여동생은 없는 사람이라고 생각했다. 그리고 여동생에게 소리도 많이 질렀다. 이유는 없었다. 그냥 부끄러웠다. 여동생이 나를 아는 척하는 것을 내가 아는 다른 사람들이 볼까 봐 항상 전전긍긍했다.

육사라는 버스에 무임승차하지 마라

그러던 어느 날, 동네에 있는 슈퍼에 갔는데 주인아저씨가 나에게 갑자기 화를 냈다.

"너 임마! 여동생 저렇게 맨날 내버려 둘 거야? 네 여동생 오늘 무슨 일 겪은 줄 알기나 하냐!"

나는 어안이 벙벙했다. 이유는 모르겠으나 뭔가 일이 생긴 것 같았다. 가만히 있으니 아저씨가 충격적인 이야기를 했다. 오늘 교복을 입은 남학생 2명이 내 여동생에게 해서는 안 될 짓을 했다는 것이다. 아저씨도 직접 보지 못하고 근처에 있던 아이들에게 들었다고 했다. 눈앞이 캄캄해졌고 어지러웠다.

일단 내가 할 수 있는 것은 없으니 어머니께 자초지종을 말했다. 말이 끝나기가 무섭게 어머니는 여동생의 손을 잡고 온 동네를 다니면서 지나가는 남자 중·고등학생, 벤치에 앉아있는 불량해 보이는 남자 중·고등학생을 여동생에게 보여주며 "얘가 그랬어?"라고 물어보셨다. 당연히 여동생이 말할 수 있을 리가 없었다.

얼마나 무서웠을까. 그때 내 심정은 정말 참담했다. 내가 부끄러워했던 그 여동생이 오빠라는 인간인 내 보호도 관심도 받지 못하고 놀이터에 방치되어 있다가 쓰레기 같은 청소년들에게 씻을 수 없는 상처를 입은 것이다. 동생에게 너무 미안했고 모든 일이 나 때문인 것 같았다. 내가 옆에만 있어 주었어도 이런 일이 없었을 것을.

그 이후로는 내가 동생을 지켜줘야겠다는 생각을 가지고 항상 신경 쓰고 챙겨 주었다. 물론 부족했지만. 항상 여동생에게 이렇게 말했다.

"민지야, 괴롭히는 사람 있으면 오빠한테 꼭 말해. 오빠가 혼내 줄게."

그리고 이 한마디면 여동생은 정말 기뻐했다.

"진짜? 혼내 줄거지?"

물론 단 한 번도 나에게 누군가가 괴롭힌다고 말한 적이 없다. 어린 나이였지만 말 한마디가 얼마나 소중한지 새삼 느꼈다.

이런 내용을 적은 이유가 있다. 여러분이 군생활을 하다보면 분명히 (조금은) 부족한 동료들이 있기 마련이다. 그런 동료를 차별하고 무시하는 순간 여러분은 그 병력, 그리고 가족에게 씻을 수 없는 아픔을 주는 것이다. 절대로 차별하지 마라.

육사라는 버스에 무임승차하지 마라

003
보병학교, 천안함 폭침
그리고 김정일

"우리는 내 주변에서 일어나는 작은 징후들을 짜증스러운 일로 치부하거나
단순히 불운의 연속이라고 생각하고 넘겨 버리는 실수를 자주 범한다. 하지
만 그것은 나 스스로 개선의 기회를 박차 버리는 것과 같다."

—『자기혁명』

임관하면 바로 야전에서 임무를 수행하는 것이 아니라 일정기간 교
육을 받는다. 당시 내 병과는 보병으로 보병학교에서 교육을 받고 있었
다. 그러던 2010년 3월 26일 천안함이 폭침한다. 그리고 보병학교장님
은 우리 신임 보병장교들을 모아 놓고 이렇게 말씀하셨다.

"지금부터 학교장이 하는 말 따라하지 않는 사람은 빨갱이다. 김정일
개XX."

아무래도 욕설이라 크게 따라 하지는 않았다.

"다시 한 번! 김정일 개XX!"

우리도 힘주어 따라 했다. 정말 충격이었던 것은 북한의 소행으로 천안함이 폭침한 것이 명확한데 일부 몰지각한 사람들이 '북한의 소행이 아니다.'라고 말하는 것이었다. 나는 생도 때 배운 몇몇 나라의 역사가 떠올랐다.

나는 전역을 고심했다. 국가가 위기에 처했을 때 합심하지 못하고 내부에서부터 분열이 일어나면 군이 아무리 강해도 나라는 망하기 때문이다. 그리고 이것은 북한이 바라는 일이다. 내가 전우들과 피 흘려 싸워 봐야 국론이 분열되어 나라가 망한다면 그건 헛된 죽음이 될 것이라는 생각이 들어 그때 너무 힘들었다. 하지만 나는 피하지 않기로 결심했다. 내가 군에 남아서 들어오는 청년들에게 올바른 사고를 심어준다면, 훗날은 바뀔 것이라는 생각 하나로 전역하지 않았다.

004
멋 내기, 몸에 착 붙는 전투복

"나쁜 습관을 버리는 것에서부터 시작하자."

—『자기혁명』

'전투복 줄여 입기'가 유행했다. 물론 지금도 (과하게) 줄여 입는 군인이 많다. 나는 머리는 컸지만 몸매는 늘씬 했다. 그래서 항상 전투복을 입으면 다들 '똥 싼 바지'라고 말했다. 힙합바지를 능가하는 헐렁함이었다. 그래서 보병학교 내부에 있는 세탁소에 가서 딱 맞게 줄여 달라고 했다. 나중에 받아보니 너무 마음에 들었다. 나의 라인이 살아 있었다.

하지만 전투복을 줄이는 것은 중대한 범죄 행위가 될 수 있다. 먼저 군형법 69조에 군용시설 등 손괴(어떤 물건을 사용할 수 없게 함)에 이렇게 적혀있다.

제66조에 규정된 물건 또는 군용에 공하는 철도, 전선 또는 그밖의 시설이나 물건을 손괴하거나 그밖의 방법으로 그 효용을 해한 사람은 무기 또는 2년 이상의 징역에 처한다.

나도 처음에는 아무 생각이 없었다. 하지만 GOP에서 근무를 하고 나서야 깨달았다. 그곳은 영하 20℃까지 내려갔는데, 내 줄인 전투복으로는 안에 내복을 입을 수가 없었다. 더군다나 너무 달라 붙다보니 활동하는 데 굉장히 불편했다. 결국은 첫 휴가 때 생도시절 입던 똥 싼 바지 같은 전투복을 다시 입었다. 그렇게 편할 수가 없다.

일반적으로 병사들은 전역 시에 자신이 입었던 옷 중 1벌은 자신이 가지고 1벌은 반납한다. 그런데 그 줄인 전투복을 전시에 예비군에게 준다고 생각해 봐라. 예비군에게 그것을 입고 싸우라는 것은 그냥 나가서 죽으라는 것과 같다. 활동이 굉장히 불편하기 때문에 전투자체가 불가하다.

야전에 가면 간부, 병사들 중 줄여 입는 사람이 있을 것이다. 단순히 바라볼 것이 아니라 그런 사람들은 법규에 따라 엄정히 다스려야 한다.

005
GOP 총기 오발사고,
임관과 동시에 전역 위기

"자신의 인생에서 이런 일이 일어날 줄은 몰랐겠지. 애석하게도 말이야. 고
작 자신의 반경 1미터 정도만 생각하고 태평하게 살다가 죽으면 행복할 텐
데 말이야."

— 『Fly, Daddy, Fly』

나는 부임하자마자 GOP 소초장이었다. 하지만 첫 휴가가 있어서 그
럭저럭 버틸 수 있었다. 사건 발생 당일 다음날이 휴가였다. 그런데 예
상치 못한 일이 발생했다. GOP는 근무 시 실탄과 수류탄을 상시 휴대
한다. 그렇기 때문에 항상 주의를 기울여야 한다. 안전검사를 하기 위해
"어깨 위에 총! 격발!"을 외쳤다.

예광탄이 아름답게 선을 그리며 하늘로 올라갔다. '어? 이런. 뭐지?'
순간 당황했지만 침착한 척하며 해당 인원은 내가 데리고 따로 안전검

사를 했고, 부소초장에게 남은 인원들과 함께 나머지 안전검사 절차를 수행하라고 지시했다. 그 순간 오발사고를 낸 인원이 혹시 잘못된 행동을 할까봐 남은 탄약을 탄약고에 넣고 총기는 소초에 가서 잠금장치를 해 놓고 탄피를 찾으러 나왔다.

　탄피는 또 어찌나 멀리 날아갔던지 15분 만에 찾았다. 그리고는 소초로 돌아왔다. 당장 전화기를 들고 중대장님께 해당 내용을 보고했고 대대참모, 기무반장이 차례로 나에게 전화를 했다. 진짜 암담했다. 내일이 휴가라는 사실은 생각나지 않았고 나는 2평 남짓한 소초장실에서 눈물을 흘렸다. 노크소리가 나더니 오발사고를 낸 소초원이 "소초장님, 죄송합니다."라고 말했다. 나는 눈물을 훔치고 애써 웃으며 "괜찮아, 그럴 수도 있지 뭐." 하고 문을 닫았다. 눈물이 더 나왔다.

　30분 쯤 지났을까. 중대장님께서 오셔서 "괜찮냐?"라고 말씀하셨다. 나는 답변하지 못했다. "죄송합니다. 내일 휴가는 나가지 않겠습니다." 라고 말씀드리니 정색하시면서 "그럴 수도 있지. 여기 일은 걱정 말고 휴가 나갔다 와." 답변은 안 했지만 마음이 불편하면서도 나갈 수 있다는 사실이 정말 좋았다.

　만약 부임한 지 21일 만에 내가 바로 오발사고로 징계를 받았으면 어떻게 되었을까? 나는 아마 '막가파'가 되었을 것이다. 어차피 전역할 거라고 생각하며 일도 제대로 하지 않고 뭐든지 대충했을 것이다. 지금 이 자리까지 있을 수 있었던 것은 당시 지휘관님들의 결심 덕분이다.

:: 손자병법 한 줄 : 친해지기 전에 벌을 주면 복종하지 않는다 ::

卒未親附而罰之 則不服 不服 則難用也

졸미친부이벌지 즉불복 불복 즉난용야

병사들이 아직 (지휘관에게) 친밀하게 느끼지도 않은 상태에서 벌을 주면 복종하지 않게 되고, 복종하지 않게 되면 쓰기 어렵게 된다.

卒已親附而罰不行 則不可用

졸이친부이벌불행 즉불가용

병사들이 이미 (지휘관에게) 친밀하게 느끼게 되었는데도 (잘못에 대해) 벌을 주지 않으면 쓸 수 없게 된다.

故令之以文 齊之以武 是謂必取

고령지이문 제지이무 시위필취

그러므로 명령을 내릴 때는 합리적인 방법으로 하고 통제할 때는 강압적인 수단으로 하니 이것을 일컬어 반드시 승리하는 길이라고 한다. (이렇게 하면 반드시 승리한다.)

令素行 以敎其民 則民服

영소행 이교기민 즉민복

명령이 제대로 시행되고 이로써 병사들을 가르치면 병사들이
복종하게 된다.

令不素行 以敎其民 則民不服

영불소행 이교기민 즉민불복

명령이 제대로 시행되지 않은 상태에서 병사들을 가르치면 병
사들이 복종하지 않게 된다.

令素行者 與衆相得也

영소행자 여중상득야

명령이 제대로 시행되면 병사들과 더불어 서로 이익이 된다.

육사라는 버스에 무임승차하지 마라

006
힘들고 귀찮은 일은 병사에게

"공자가 생전에 가장 싫어한 두 부류의 사람이 있는데, 바로 향원(겉으로는 현

명하고 정의롭고 바른 말을 하지만 실천하지 않는 사람)**과 예의 없는 사람이다."**

—『**자기혁명**』

　소초장 생활이 어느덧 한 달이 되어 가던 차에 나는 충격적인 사실을 알았다. 게시판에 있는 '경계 작전 명령서' 아래에 보니 내 이름 옆에 서명이 되어 있고 그 아래에 중대장님 서명이 되어 있는 것이었다. '뭐지? 나는 서명한 적이 없는데?' 확인해 보니 경계 작전 명령서를 상황병들이 작성하고 사인도 대필하고 있었던 것이었다.

　충격이었다. GOP의 특성상 실탄과 수류탄을 휴대하고 있기 때문에 같이 근무하는 인원과 마찰이 조금이라도 있으면 근무를 조정해야 한다. 그래서 소초간부들은 항상 사고 촉발요인(여자 친구와의 관계, 가족관계

등)을 개개인마다 자세히 알고 있어야 한다.

일단 나는 상황병에게 경계 작전 명령서를 어떻게 작성하고 있는지에 대해 물었다. 그는 "그 동안 작성하던 대로 이런 방식으로 합니다."라고 답변했다. 일단 교우도식(쉽게 말해 서로 친한지 안 친한지를 표시한 표나 그림)을 작성하기 위해 1학년 때 심리학에서 배운 질문 방법을 써서 소초원들에게 나누어 주어 얼른 확인하고 근무표를 작성했다. 그리고 공정하게 작성하기 위해 공정표를 만들어서 육체적으로 힘든 시간대에는 모두가 공정하게 들어갈 수 있도록 했다. 그리고 선임병은 조금 더 힘든 근무를 하도록 했다. 이 해프닝은 어떻게든 일단락되었지만 나는 내가 제대로 하지 못하고 있다는 것을 알았다.

먼저 나는 규정을 찾아서 내가 해야 할 것들에 대해 찾았다. 병력관리만 하고 야간 순찰만 잘하면 되는 줄 알았는데 그게 아니었다. 인사, 정보, 작전, 군수, 사기 등 해야 될 것이 산더미였다. 그래서 부소초장, 선임분대장과 임무를 나누고 열심히 했다. 그리고 소초원들과 정말 재미있는 시간을 보냈다.

여러분들이 야전에 가면 생각보다 많은 일을 병사가 하고 있다는 것을 알게 될 것이다. 사실 충격을 받을 수도 있다. 어떤 몰상식한 간부는 자기가 해야 될 일을 병사에게 시키기도 한다. 이런 사람을 엄벌하기 전에 자기 자신부터 잘하고 있는지 돌이켜 보기를 바란다.

007
안전사고 예방에 대한 시각 차이

"만약 어리석은 사람이 자신의 어리석음을 깨닫는다면 그가 곧 슬기로운 사람이다. 그러나 어리석은 사람이 스스로 슬기롭다고 생각한다면 그것이 야말로 진짜 어리석은 것이다."

— 『법구경』

생도시절 나는 안전사고 예방에 대해서 굉장히 부정적인 생각을 가지고 있었다. 미군이 교육 훈련 시 실탄, 수류탄을 사용하다가 실제 사망하는 사고를 보면서 '실전과 같이 교육 훈련을 하다 보면 당연히 다칠 수 있는 거 아냐?'라고 생각했다. 그리고 중대장이 되기 전까지도 그렇게 생각했다. 하지만 그게 아니었다.

군인은 전시를 위해 존재한다. 전시에 적과 싸울 전투력을 갖추고 있어야 한다. 그런데 평시에 적과 싸울 준비를 하면서 다쳐 전투력에 손실이 생기면(비전투 손실) 심대한 타격이다. 그래서 안전에 대해서는 항상 주의를 기울여야 한다.

훈련을 할 때마다 병력이 손실되면 훈련을 할수록 강해지는 부대가 아닌 점점 약해지는 부대가 되는 것이다. 실질적인 훈련과 안전사고 예방이 서로 대비되는 개념이 아니라 반드시 같이 실행되어야 할 것이라는 것을 명심하고 행동하자.

군에 자식들을 보낸 부모님의 마음을 생각해 보자. 기혼자들은 이해가 될 것이다. 어린이집에 보내는 그 몇 시간도 안절부절못한다. 혹시나 무슨 일은 생기지 않을까 맞지는 않을까 걱정이다. 21개월간 보내는 군대는 어떨까? 걱정이 태산일 것이다. 그런데 훈련 중에 아들이 다쳤다는 소식을 들었다고 하자. 부모님의 심정이 어떻겠나? 항상 안전에 유의하기 바란다.

008
포퓰리즘,
중대장님 지시 vs 부하들의 휴식

"돌이켜 보면 나에 대한 평가들도 내가 살아온 삶만큼이나 롤러코스터를 타야 했습니다. 세상의 평가는 내가 오르내린 굴곡보다 훨씬 요동쳤던 것 같습니다."

— 『더 큰 나를 위해 나를 버리다』

모든 소초원이 나를 좋아하게 만들고 싶었다. 부대 전입 후 1개월 정도가 지나자 소초원들은 이구동성으로 말했다.

"육사 출신 아닌 줄 알았습니다. 소초장님, 너무 프리하십니다."

이 감언이설에 혹해서 포퓰리즘에 빠져있었다. 감언이설인지 진실인지 알 수 없지만 아무튼 이런 말들에 기분이 좋았다는 것을 부인할 수 없다. 경계 작전이 끝나고 오전에 중대장님과 소초장들이 모두 통합회의전화로 결산 중이었다. 중대장님께서 소초별로 해야 할 일들에 대해 말씀해 주셨다. 전화를 끊고 고민했다. '취침하고 일어나면 소초원들이 피곤할 텐데 과연 그 작업량을 마무리 할 수 있을까? 소초원들이 이 일로 나를 싫어하지는 않을까?' 그리고 나는 경계 작전의 질을 위해 전투 피로회복이 우선이라 생각했다. 때문에 나는 중대장님의 지시 사항을 이행하지 않고 소초원들을 쉬게 했다. 중대장님께서는 나를 많이 혼내 시지는 않았지만 분명히 불쾌하셨을 것이다.

지금 돌이켜보면 고민할 일이 아니었다. 당연히 해야 될 일이었다. 중대장님의 지시는 경계 작전 시설물 보강이라는 적법한 것이었다. 그리고 다음날 실제로 해 보니 시간도 얼마 걸리지 않았다.

군에서 일하면서 가장 경계해야 할 것이 포퓰리즘이다. 많은 초급간부들이 착각하는 것이 바로 병력을 편하게 해 주면 자신을 좋아할 것이라는 믿음이다. 틀렸다. 먼저 편하게 해 주는 것의 의미를 잘 알아야 한다. 해야 할 것은 하고 나머지 시간에 휴식을 주는 것이다.

해야 될 것도 하지 않으면서 무작정 쉬게 해 주면 굉장히 위험하다. 이것은 전시에 전쟁터에서 부하를 죽음으로 몰아가는 것이다. 사막의 여우라 불리는 롬멜 장군은 "부하를 위한 최상의 복지는 강인한 교육 훈련이다."라고 했다. 평시에 제대로 교육 훈련이 되어 있지 않으면 전시에는 생명을 내놓아야 한다. 여러분들이 해야 될 것을 하지 않는 것은 직무유기다. 또한 평시에 지휘관의 적법한 지시를 따르지 않는다면 전시에는 어떨지 불 보듯 뻔하다. 적법한 지시에 대한 임무 수행을 쉽고 빠르게 할 수 있는 방법에 대해 고민해야지 '할까, 말까'는 고민하지 않는 것이 기본임을 명심하자.

육사라는 버스에 무임승차하지 마라

:: 손자병법 한 줄: 장수의 다섯 가지 위태로운 자질 ::

故將有五危

고장유오위

장수에게는 다섯 가지 위태로운 자질이 있다.

必死可殺

필사가살

반드시 죽고자 하면 죽임을 당할 수 있다.

必生可虜

필생가로

반드시 살고자 하면 사로잡힐 수 있다.

忿速可侮

분속가모

성내어 급히 일을 처리하면 업신여김을 당할 수 있다.

愛民可煩

애민가번

지나치게 병사들을 사랑하면 괴로운 상황을 맞을 수 있다.

(아군의 병력 희생을 지나치게 우려하는 것.)

凡此五危 將之過也 用兵之災也

범차오위 장지과야 용병지재야

무릇 이 다섯 가지는 장수의 과실이며 용병의 재앙이다.

覆軍殺將 必以五危 不可不察也

복군살장 필이오위 불가불찰야

군대를 파멸에 이르게 하고 장군을 죽음에 이르게 하는 것은
반드시 위에 말한 다섯 가지 장수의 위태로운 자질의 결과로
이루어지니 깊이 살피지 않으면 안 된다.

009
전우조 활동에 대한 고민

"우리 모두 목숨을 버릴 각오로 독서하고 공부하자. 조상을 위해, 부모를 위해, 후손을 위해 여기서 일하다가 같이 죽자."

― 세종대왕

아마 야전에 가면 이 '전우조'라는 것이 여러분을 끊임없이 괴롭힐 것이다. 개념은 간단하다. 혼자서 돌아다니면 사고 발생 위험이 크니 2명 이상이 같이 활동하라는 것이다. 그리고 동기들보다 선후임을 같이 배치하기를 원한다. 참 어렵다.

GOP에서도 동일했다. 어느 날 중대 행정병이 소초로 전화를 했다. 인사 분야 검열이 예정되어 있는데 전우조 편성을 확인한다고 했다. 그리고 전우조를 본인이 만들었으니 보내 주겠다고 했다. 그때는 전우조가 뭔지도 몰랐다. 일단 무슨 내용인지 파악하고 마음대로 편성된 전우조를 소초원들에게 보여 주었다. 그리고는 자초지종을 이야기하고 일단 외우라고 했다.

검열관이 오셨다. 소초원 몇 명에게 전우조가 누구냐고 물었는데 당연히 대답을 잘하지 못했다. 나는 사실대로 말씀드렸다. 그리고 신나게 혼났다. 검열관은 "병사들이 혼자서 행동하다 죽으면 책임질 거냐?"라고 하셨다.

지금 야전에서는 개인별로 전우조를 편성하거나 자신의 말판을 이동할 때마다 옮긴다. 사실 이것 이외에 좋은 아이디어가 없는 것이 사실이다. 물론 좋은 방법이 있다. 모든 사람이 GPS를 휴대하고 있어서 언제 어디서든 위치를 확인할 수 있는 체계가 있으면 된다. 하지만 이는 예산상 불가능하다. (물론 한국형 전투훈련에서는 각자가 모두 GPS를 가지고 있어 어디서 무엇을 하는지 한눈에 볼 수 있다. 그리고 미래체계에도 적용될 것이다. 하지만 지금은 아니다.) 그래서 지금 우리의 여건상 무엇이 가능할 것인지 고민해 보는 것이 중요하다. 여러분들이 한 번 잘 생각해 보기를 바란다.

010
상급자와 의견 차이가 생기면?

"사람은 절대 안 바뀐다! 이 사실이 나를 자유케 한다."

─『나는 아내와의 결혼을 후회한다』

군생활 중 가장 어려운 것이 상급자와 나의(또는 부하의) 의견을 조율하는 것이다. 중요한 점은 일단 'Yes'라고 하는 것이다. 지휘관이 주관하는 회의 중에 지휘관의 지시사항에 대해 가끔 'No'라고 하는 사람들이 있다. 이거 하나는 알고 있어야 한다. 'Yes, No' 둘 중 어떤 대답을 하든지 지휘관의 결심대로 일은 진행된다. 그러니 분위기 이상하게 만들지 말자. 당신이 지휘관의 입장이 되어 봐라. 내가 지시했는데 다들 보는 앞에서 'No'라고 대답하는 부하가 있다면 어떻게 하고 싶겠나?

그러면 'Yes 맨'이 되라는 것인가? 아니다. 일단 공식적인 자리에서는 'Yes'라고 말하고 회의를 종료하자. 그리고는 두 가지 방법이 있다. 하나는 다시 찾아가서 말씀드리는 방법, 다른 하나는 지시한 대로 하는 방법. 다시 찾아가서 말씀을 드릴 때는 시간 간격을 좀 두자. 바로 찾아가면 난관에 부딪칠 수 있기 때문이다. 회의 종료 직후에 다시 찾아갔는데 "해 보지도 않고 무슨 소리야?"라고 하실 수 있다. 그래서 임무를 조금 수행해 보다가 정중하게 "지휘관님(직책에 맞게), 지시하신 방법도 괜찮은데, 이런 방법도 괜찮은 것 같습니다. 이렇게 한 번 진행해 봐도 되겠습니까?"라고 말씀드리자.

이렇게 했는데도 그대로 진행하라고 하시면 어떻게 할까? 지휘관의 의견을 따라야 한다. 상급자와의 의견이 다를지라도 상급자의 의견을 기본적으로 따르는 것이 우선이다. 물론 그 지시가 적법한 경우에 한해서.

육사라는 버스에 무임승차하지 마라

011
모르는 걸 질책하지 마라

"언어는 그 사람을 말해 주는 지표다."

— 『자기혁명』

겨울이 다가오자 밤이 점점 길어지고 있었다. 이것은 야간 근무자들의 육체적 부담이 커진다는 것을 의미하고 이는 곧 경계 작전의 질이 떨어지는 것이라고 생각했다. 그래서 나름 생각해 낸 방법이 초소에서 근무를 조금 더 길게 하고 중간에 조금 더 휴식을 주자는 것이었다. 그래서 나는 소초원들과 상의한 후에 즉각 시행했다. 반응은 나쁘지 않았다. 하지만 문제는 그게 아니었다.

머칠 지나지 않아 지휘관께서 직접 소초로 전화를 하셨다. 전화를 받으니 차분한 목소리였지만 힘이 느껴졌다.

"소초장, 휴식 시간이 얼마나 되기에 소초원들이 쉬는 동안 취침을 하지?"

나는 내가 한 일에 대해 사실대로 답변했다.

"뭐? ○○○○지침서도 안 읽어봤어? 그걸 네가 함부로 바꿀 수 있어?"

지휘관님의 말에 나는 대답하지 못했다. 그리고 통화는 종료되었다. 잇따라 참모들의 전화가 왔다. 전화하는 사람들마다 모두 한숨을 쉬었다. 당황스러웠다. 나는 무엇을 잘못했는지 몰랐다.

GOP는 특성상 투입 수개월 전부터 사전 교육을 실시한다. 실탄, 수류탄을 지니고 근무하고 적과 근접해 있기 때문에 실수가 용납되지 않는다. 나는 GOP로 바로 전입을 와서 교육을 받은 적이 없었다. 그래서 '○○○○지침서'라는 게 무엇인지도 몰랐다. 내가 알고 있는데 잘못했다면 적법한 절차에 따라 처벌을 받겠지만, 아무것도 모르는 상황인데 이렇게 질책부터 들으니 반감부터 생겼다.

위와 같은 상황은 누구나 할 수 있는 실수며 굉장히 자주 일어나는 일이다. 여러분들은 야전에 나가서 무조건 야단치는 것이 아닌 정확한 상황과 이유를 파악하고 그 문제의 본질을 보고 해결해 나가려는 태도를 가졌으면 한다.

012
두 번째 총기 오발사고,
경고장과 의욕상실

"행복은 알 듯 모를 듯 하나씩 오지만 불행은 떼를 지어 다닌다는 서양의 격언이 떠올랐다."

— 『사랑 후에 오는 것들』

GOP로 전입한 지 5개월 정도가 흘렀을 때 또 오발사고가 났다. 첫 번째 오발사고와 동일했다. 예광탄이 하늘로 올라갔다. 전과 같이 처리하고 상황보고를 했다. 그리고 '아, 내가 아무생각 없었던 것이 이렇게 화근이 되어 내 군생활을 망치는구나.'라고 생각했다. 이로 인해 나는 대대본부 간부 및 병사들이 보는 앞에서 경고장을 받았다. '육사 출신'에 먹칠을 하는 순간이었다. 소초에 돌아와 또 한참을 울었다. 이제는 억울한 게 아니었다. 정말 내가 잘못한 것이었기에 이것이 군생활의 끝일 거라고 생각했다. 5년 차에 전역지원을 해야겠다고 마음먹었다. 의욕 따위는 없었다.

당시 내가 있던 소초에는 총기안전검사대가 없었다. 그러니 항상 무릎앉아 자세에서 안전검사를 했다. 군필자들은 알 것이다. 무릎앉아 자세는 서 있는 것보다 수십 배 힘들다는 것을. 그러다보니 병력은 항상 안전검사가 빨리 끝나기만을 바랐고 피로가 절정에 달해 있었을 것이다. 내가 고생하더라도 한명씩 체크를 하거나 중대에 총기안전검사대를 만들어 달라고 건의만 했어도 그런 일은 일어나지 않았을 것이다.

최초 오발사고 당시에는 나는 다음날이 휴가였기 때문에 이 사고를 생각조차 안하려고 했다. 내가 기분이 안 좋은 상태로 있으면 소초전체에 영향을 미치기 때문에 아무 일 없던 것처럼 행동했다. 이 일이 왜 발생했고 무엇이 근본적인 원인이고 어떻게 해결할 것인지에 대한 고민이 전혀 없었다.

여러분은 어떠한 사건이 발생하면 누군가를 처벌할 것인지를 고민하지 말고 실질적인 문제의 본질을 보고 다시는 그런 일이 없도록 시스템을 강구하기를 바란다.

013
연평도 포격 도발,
갱도 생활

"임금을 섬기는 데는 임금의 존경을 받아야지 임금의 총애를 받는 사람이
되는 것은 중요하지 않다. 또 임금의 신뢰를 받아야지 임금을 기쁘게 해 주
는 사람이 되는 것은 중요하지 않다."

— 『유배지에서 보낸 편지』

근무 취침 이후 일어나서 점호를 했다. 밥을 먹고 인접 소초에 가서
수통에 물을 담고 있었다. 그런데 긴급속보라면서 긴박한 장면이 뉴스
에서 나왔다. 북한의 포격 도발이었다. GOP 전 지역에 사이렌이 울리
면서 전원 투입 지시가 내려왔다. 정신없이 실탄, 수류탄, 크레모아 격
발기를 챙겨서 투입했다. 소초 전체 투입이 완료되자 투입완료 보고를
했다. 총각 때 죽을 수 있어서 다행이고 부양할 가족이 없다는 것도 다
행이라고 생각했다. GOP는 적막이 흘렀다. 몇 시간이 흘렀을까? 기존

의 근무 체계로 바꾸고 갱도에서 생활하라는 지시가 내려왔다.

갱도라는 곳에 처음 가 보았다. 적 포탄 낙하 시 대피훈련으로 입구에서 조금 더 들어가 본 것이 전부였는데 내부를 보니 장난이 아니었다. 그때 처음으로 박쥐와 곱등이를 봤다. 박쥐는 오히려 몇 마리 없어서 무섭지 않았는데, 곱등이는 어찌나 많은지 벽을 도배하고 있었다. 간혹 몇 마리가 떨어졌는데 그럴 때마다 바로 전투화로 밟았다. 어둠이 자욱했고 여름임에도 불구하고 너무 추웠다. 이렇게 며칠이 지나자 원래의 생활로 돌아왔다.

아쉬움이 많이 남았다. 평소에 한 번이라도 소초원들과 함께 머리카락, 손톱 일부를 가지고 유언을 적어본 적이 없었다. 만약 그때 정말 전쟁이 시작되었다면 우리는 인식표만 남기고 죽었을 것이다. 야전에 나가서 병력들과 친해지면 가장 먼저 유언을 적는 시간을 가져야 한다.

:: 손자병법 한 줄: 죽기를 각오하고 싸우게 하기 ::

投之無所往 死且不北 死焉不得士人盡力
투지무소왕 사차불배 사언부득사인진력

더 이상 갈 곳이 없는 곳에 몰아넣으니 죽으면 죽었지 패하지 않는다. 죽기를 각오하는데 어찌 병사들이 힘을 다하여 싸우지 않겠는가?

육사라는 버스에 무임승차하지 마라

兵士甚陷則不懼 無所往則固

병사심함즉불구 무소왕즉고

병사들은 심히 위험에 처하면 두려워하지 않게 되고 더 이상
갈 곳이 없으면 결의가 굳어진다.

死地吾將示之以不活

사지오장시지이불활

사지의 상황에서 우리 측 장수는 이로써 살 길이 없다는 것을
주지시킨다. (즉 목숨을 바쳐 싸워서 적을 이기는 수밖에 없다는 것을 보여
주어야 한다는 뜻이다.)

014
JSA에서 근무할래?

"어디로 배를 저어야 할지 모르는 사람에게는 어떤 바람도 순풍이 아니다."

— 몽테뉴

소초에 전화가 왔다.

"구민우 중위? JSA 인사과장인데 JSA 소대장 해 볼 생각 없어?"

나는 당황했다. 아무런 마음의 준비가 되지 않았는데 이러한 기회가 왔다는 사실에 놀랐다. 일단 궁금한 것을 여쭤봤다.

"인사과장님, 혹시 JSA 소대장도 경계 작전 하는 겁니까?"

"그렇지. 교대로 근무하지."

바로 마음을 정했다.

"죄송합니다. 인사과장님. 저 GOP에서 경계 작전만 해서 일반 야전 부대에서 업무해 보고 싶습니다."

육사라는 버스에 무임승차하지 마라

다시 한 번 물어보셨다.

"근데 너 만약에 JSA 소대장 안하면 특전사로 가야 할 거야."

"예. 그래도 경계 작전은 더 이상 못하겠습니다. 죄송합니다."

"그래, 알겠다."

진짜 이 전화 한 통이 나의 군생활을 송두리째 바꿀 줄 전혀 생각하지 못했다.

기회는 정말 생각지도 못한 상태에서 찾아오는 경우가 종종 있다. 그래서 그것이 기회인지도 모르고 지나치는 경우가 많은 것 같다. 이래서 옛 선인들이 준비가 되어 있지 않으면 기회가 와도 잡을 수 없다고 했나 보다. 여러분들에게도 어디서 어떤 기회가 찾아올지 알 수 없다. 다만 그 기회가 본인에게 기회인지 아닌지 식별할 수 있도록 능력을 기르자.

015
인정받지 못해 쫓겨나다, 특전사 발령

"혹시 첫 출발이 삐끗했다고 해서 절망하는 후배들이 있다면 그들에게 말해 주고 싶습니다. 출발보다 더 중요한 것은 스스로 무엇을 향해 가고 있는 가라고. 결국 성취는 속도의 문제가 아니라 스스로 세운 목표를 향해 얼마나 꾸준히 걸어가느냐에 달려있다고."

―『더 큰 나를 위해 나를 버리다』

육군에서 흔히 말하는 잘나가는 사람들 대부분은 '작전' 분야에서 일한다. 거의 모든 부대가 마찬가지일 것이다. 대대급 부대에서 작전 장교 임무를 수행하는 사람들은 모두 잘한다고 소문이 나 있는 경우가 많다.

차기 대대 작전 장교는 같은 중대 옆 소대장이었던 학군단 출신 동기가 내정되어 있었다. 진짜 누가 봐도 열심히 했고 또 잘했다. 사회에 있을 때 경호 업무를 했었기에 사람 다루는 기술이나 업무 태도가 나 같은 쭉정이와는 달랐다. 모든 사람들이 그에게 거는 기대가 컸다.

이에 반해 나는 전출 예정자였다. 이미 오발사고를 두 번이나 냈고 JSA 소대장을 할 수 있는 기회도 내가 걷어찼다. 그러던 중에 소초로 전화가 왔다. 특전사 ○여단에 근무하는 육사선배셨다.

"나 ○○기 선배인데 너 이번에 우리 부대로 오더라."

일단 대답했다.

"예, 선배님."

"너 오면 ○○장교 임무 수행할 텐데 어렵지는 않을 거야. 다음에 또 연락하자."

"예."

대답을 하긴 했지만 이게 무슨 소린지 이해되지 않았다. 조금 뒤에 대대참모부에서 전화가 왔다.

"이번에 특전사로 가더라, 축하한다."

중대장님은 나에게 축구 양말을 선물로 주셨다.

"특전사 가면 축구 많이 할 테니 필요할 거야."

나는 정신이 완전히 나가버렸다. 정말 버림받은 느낌이 들었다.

'일어혼전천(一魚混全川)'이라고 한 마리의 물고기가 물을 흐린다는 뜻인데 아마 GOP에서 내가 그 한 마리의 물고기였을 것이다.

016
힘든 건 싫다,
보병에서 병기로의 전과

"내가 어디로 가야 돼?"

"네가 어디로 가고 싶은지에 따라 다르지."

"아니 아무 데나 괜찮아."

"그럼 그냥 가. 계속 걷기만 하면 돼."

— 이상한 나라의 앨리스

특전사 발령에 완전히 망연자실해 있던 중에 신의 은총 같은 전화가 왔다. 동기였다.

"민우야, 너 전과 신청했어?"

"아니. 전과가 뭔데?"

"우리 전투병과 1년하고 병과 바꿀 수 있잖아. 나는 신청했거든."

"언제까지야?"

"오늘이 접수 마감일 걸."

"뭐? 고마워!"

난 이거다 싶었다. 그리고 보고 절차는 일단 가볍게 무시하고 육군본부 실무자(대령)께 전화를 드렸다.

"GOP근무 중이라 전과 신청하는 것을 이제 확인해서 서류가 조금 늦게 도착할 것 같습니다. 정말 죄송합니다. 전화로라도 먼저 신청할 수 있겠습니까?"

"그래. 군번이랑 계급, 성명, 그리고 1~3지망 병과만 말해. 접수해 놓을 테니."

일단 실무자께 전화를 드리고 나는 부대 실무자에게 보고했다. 엄청 혼났다. 그래도 상관없었다. 나는 5년차에 전역할거라고 생각했으니까.

정말 지금 생각하면 나비효과다. 오발사고로 신임을 잃고 JSA라는 기회를 걷어차고 나니 남는 건 전과 뿐이었다. 어떻게든 이 지독한 경계작전만 안했으면 하는 바람이었다. 아니 정확히 말하자면 새벽에 잠을 자고 싶었다. 이때 내 피부는 완전히 달 표면과 같이 되었다. 가끔 동기들이 "민우야 니 왜 이렇게 썩었노?"라고 물을 정도로 말이다. 맞다. 내 피부는 썩어버렸다.

사실 전과하고 굉장히 많이 후회했다. 전투병과 이외에는 이렇게 찬밥 취급을 받는지 몰랐다. 여러분은 나처럼 생각 없이 행동하고 선택을 하지 않기를 바란다. 모든 선택은 올바른 기준을 갖고 생각 후에 하길 바란다.

017
북한 귀순자 초청 강연

"변하지 않으면 살아남을 수 없다."

— 『누가 내 치즈를 옮겼을까?』

군 생활 중 가장 기억에 남는 것 중 하나가 귀순자 초청 강연이었다. 너무나 충격적인 내용이 많았기 때문이다. 그녀는 특전사 여군 대위 출신이라고 했다. 당시 나이가 30대 후반에서 40대 초반 정도 되어 보였다. 아래는 그녀가 말해 준 북한 이야기다.

① 북한 대위의 월급은 8,000원이다.
물론 우리나라와 물가가 다르다. 그런데 쌀 한 가마니가 9,000원이란다. 그래서 간부들의 부정부패가 심하다고 한다. 8,000원으로 가족을 먹여 살릴 수 없으니 군에서 지급되는 쌀을 빼돌릴 수밖에 없다는 것이다.

육사라는 버스에 무임승차하지 마라

② 북한은 간부가 지명된다. 본인이 하고 싶다고 지원할 수 없다.

북한은 우리나라처럼 간부에 지원하는 제도가 아니라고 한다. 당에서 충성심이 강한 인원 중 모든 친인척들을 미리 조사하고 불러서 "너 오늘부터 간부해."라고 한단다.

③ 암시장이 성행한다.

북한에서 공식적으로 지급되는 것으로는 먹고 살 수 없으니 모두가 암시장에서 필요한 것을 구매한단다.

④ 대한민국 프로그램을 시청한다.

탈북을 결심한 계기가 남한의 드라마를 보고난 이후라고 한다.

⑤ 가족 외에는 속마음을 말하지 않는다.

말을 잘못 했다가는 수용소로 끌려가기 때문에 아무리 친해도 속마음을 드러내지 않는다고 한다.

⑥ 남한을 위협적인 존재로 생각하지 않는다.

항상 남한을 폄하하고 "해 볼만 하다."라고 생각한다고 한다.

⑦ 성교를 하지 말라는 교육을 한다.

북한군의 군복무는 10년이다. 남군과 여군을 분리한다고는 하지만 만나는 경우가 있다고 한다. 그리고 사전에 불미스러운 일을 방지하기 위해서 성교를 하는 것은 동물들이나 하는 것이라고 매일 같이 교육한다고 한다.

⑧ 훈련에 대해 전혀 알려주지 않는다.

특전사라서 그런 것인지는 모르겠지만 행군을 하면 알려주는 것이 아니라 "○○시 ○○분부터 ○○㎞행군을 실시한다. ○○분 전까지 집합."이라고 말하고 바로 행군한다고 한다. 자살하지 않는 것이 신기할 정도라고 한다.

⑨ **쌀만 지급되고 나머지는 자급자족해야 한다.**

특전사나 되어야 쌀이 지급되고 나머지 일반 부대들은 그냥 쌀가루나 옥수수가루만 지급이 되고 나머지 반찬은 모두 직접 농사짓거나 구해서 먹어야 한다고 한다. 그래서 교육 훈련보다는 멧돼지를 잡으러 다니거나 식량을 구하는 일이 먼저라고 한다.

육사라는 버스에 무임승차하지 마라

018
단어는 제대로 알고 말하자

"자신을 믿을 수 없게 되었을 때 공포가 스며들어서 한 걸음도 움직일 수 없게 될 거야."

— 『Fly Daddy Fly』

야전에서 충격적이었던 것이 있다. GOP*에 근무하는 사람 중에 GOP가 무엇의 약자인지 모르는 사람이 너무 많았다. 현실이 이렇다. 궁금해 하는 사람도 없고 특별히 가르쳐 주는 사람도 없다. 부끄러운 사실은 나도 그런 사람 중 하나였다는 것이다. GOP에 근무하는데 GOP가 무엇을 의미하는지 궁금해 하지 않았다.

GOP에 투입한지 2개월 정도 되었을 때 나는 이 용어의 뜻을 알게

...

* general out post의 약자. 일반전초. 적의 접근을 조기에 경고·지연·와해하고 아군의 방어전단을 속여 적이 조기전개 하도록 하고, 적에게 최대의 출혈을 강요.

되었다. VIP가 소초에 방문하신다고 해 브리핑을 준비하면서 군사용어사전을 찾아봤기 때문이다.

군에서 사용하는 단어들은 생소하고 어렵다. 본인이 찾아보지 않으면 의미를 알기 어려운 단어가 많다. 야전에 나가면 군사용어사전을 보고 꼭 그 단어가 무엇을 의미하는지 제대로 찾아보고 사용하기 바란다. 여러분이 영관급 이상 장교가 되면 결재해야 할 것도 많고 외국군과 협상해야 할 일도 많을 것이다. 결재 시에 단어 하나 잘못 적혀있으면 당신 휘하에 있는 예하 부대들이 모두 혼란을 겪게 될 수밖에 없다. 전시라고 생각하면 끔찍하다. 외국군과 협상을 하는데 잘못된 단어를 사용한다면 국가 위상도 문제지만 외교적 문제로 커질 수 있다.

입 밖으로 내는 단어, 듣는 단어, 보고서에 적는 단어 하나라도 모르는 것이 있다면 반드시 찾아보기 바란다.

육사라는 버스에 무임승차하지 마라

019
불평불만 하려면
해결책을 내라

"우리를 절망에 빠뜨리는 것은 불가능할 때가 아니라 우리가 미처 깨닫지 못한 가능성이 있었음을 알게 되었을 때 찾아온다."

—『포커스 씽킹』

여러분 주변에 이런 사람이 있을 것이다. 무슨 일만 있으면 불평불만부터 하는 사람. 이러한 사람들은 두 가지 부류가 있다. 불평만 하고 끝내는 사람과 불평은 하되 마음속으로 하고 해결책을 찾으려는 사람이다.

여러분이 야전에 가면 이 두 부류의 사람들을 보게 될 것이다. 회의에서 나온 결론이나 상사의 지시 등에 불평하는 사람이 있는 것은 당연한 것이다. 중요한 것은 본인이 어떤 부류의 사람이냐는 것이다. 당신이 첫 번째 부류라면 정말 위험하다. 장교는 부대를 이끈다. 그런 장교가 첫 번째 부류의 사람이라면 더 이상 군의 발전을 생각하기 어렵다.

불평·불만은 해도 된다. 하지만 해결책이 없다면 하지 마라. 조직의 분위기를 망친다. 불평불만이 위험한 이유는 따로 있다. 이는 상명하복의 분위기를 흐린다. 상위조직에서 지시하는 임무들이 부당해 보이는 경우가 종종 있다. 이는 상부조직에서는 많은 고민을 하고 지시를 했더라도 이유를 설명하지 않고 지시한 경우일 것이다. 물론 하나하나 이유를 설명하면 좋겠지만 전시를 생각한다면 이해가 될 것이다.

손자병법에 이런 구절이 나온다. '지휘관의 의도를 부하들이 모르게 해야 한다.' 얼핏 보면 이해가 되지 않는다. '상하동욕자승'이라고 상하가 같은 생각을 가지면 승리한다고 하고서 다시 의도를 모르게 하라니? 이는 작전보안의 중요성을 이야기 하는 것이다. 간첩은 항상 존재한다. 그리고 적의 비밀을 가져오는 것은 전투의 승패에 결정적인 영향을 미친다. 만약 명령을 주면서 하나하나 이유를 설명한다면 적에게 발각되었을 경우 아군의 병력이 몰살당할 수 있다. 상부에서 내린 지시가 부당해 보일지라도 스스로 이유를 찾는 노력을 해라. 그리고 부하들을 설득해라.

육사라는 버스에 무임승차하지 마라

020
로봇처럼 일하지 마라

"불연성 직원은 절대 나서지 않는다. 명령을 받고 나서야 일하지만, 그 일에 아무런 흥미가 없다. 옆에서 그를 지켜보는 사람들조차 의욕을 잃게 한다."

"지시하는 대로만 일하지 마라. 끌려 다녀서는 절대 아무 일도 제대로 해내지 못하며, 설령 일을 마무리했다 해도 만족감을 느끼지 못한다. 그 일의 리더라는 마음가짐으로 일하는 것, 즉 자연성이 되어야만 일이 즐겁고, 놀라운 성과를 거두며, 인생 역시 더욱 알차고 풍요롭게 가꿀 수 있다. 그런 자연성 인간만이 성공할 자격이 있다."

— 『왜 일하는가』

나는 사람이 아니라 말 잘 듣는 로봇이었다. 말 그대로 시키는 것만 했다. 소대장에서 중대장으로 진급하고 보니 소대장이 어떤 행동을 했으면 하고 바라는 것이 있었다. 소대장 역할을 제대로 하지 않았지만 말이다.

① 병사들에게 욕먹는 장교가 되지 않기

소대장인데 벌써부터 자기 몸을 챙기는 녀석들이 있다. 본인이 해서 힘들 것 같으면 병사들에게 넘기는 것 같은 행동 말이다. 소대장은 이러지 말고 항상 소대원들과 함께 해라.

② 일정이 있으면 그 전에 어떤 일을 추진하기

예를 들어 다음 주에 진지공사가 있을 예정이면 중대장과 지형 정찰을 하기 전에 해야 될 일이 있다. 전시작전 계획을 유심히 살펴보고 실지형에 가서 적이 어디로 올 것인지 판단해 보는 것이다.

중대장과 지형 정찰을 하면서 "중대장님 제가 판단하기에는 작전 계획에 이렇게 나와 있는데 적의 입장에서는 이 방향이 더 유리합니다. 이 부분을 이렇게 보강하는 게 좋겠습니다."라고 말하는 것이 얼마나 아름다운가? 전시에 대한 감각과 더불어 적의 입장에서 생각하는 소대장의 모습. 중대장이 예뻐하지 않을 수 없다.

이 행동은 중대장에게 인정받고자 하는 것이 아니다. 전시를 생각해서 본인이 해당 지형에 직접 가보고 고민한 시간들이 여러분이 고급장교가 되었을 때 큰 밑거름이 될 것이다. 이런 고민을 하지 않은 장교는 전시에 부하의 생명을 살릴 수 없다.

③ 중대장과 병사의 의사소통 창구가 되어 주기

모든 사람에게 욕을 먹는 사람이 있었다. '본인이 욕을 먹는 걸 모르나?'라는 생각이 들 정도로 심각했다. (아마 몰랐나 보다.) 분대장들과 상향식 일일결산(하루에 있었던 일. 특이한 사항 등을 지휘계통에 따라 보고.)을 하면 매일같이 불평이 튀어 나왔다. (논점과 다르지만 여러분들이 여기서 주의해야 할 것은 상관이 없는 자리에서 상관을 욕하는 것은 공연모욕죄가 될 수 있다는 것이다. 병사들도 그 선을 넘지 않도록 주의하는 것이 필요하다. 명심해라. 내 입 밖으로 나온 순간 그 말은 족쇄가 되어 여러분을 억압할 것이다.)

육사라는 버스에 무임승차하지 마라

분대장들이 지휘관 앞에서 과연 그렇게 말할 수 있을 것인가? 당연히 못한다. 그러니까 나에게 불평의 말을 하는 것이다. 그러면 나는 어떻게 해야 되나? 그 말을 그대로 옮겼다가는 영창가기 딱 좋은 날이 된다. 말을 돌려서 할 줄 알아야 한다. 휴가에 대한 내용이 나왔으면 돌려서 말하자.

"중대장님 이번에 휴가에 관련해서 보고드릴 것이 있는데 검토해 주시겠습니까? 지난번에 결심하신 이것과 최근 결심하신 이것이 기준이 달라 일부 인원이 반발이 있을 것 같습니다."

"응? 이거 병사들이 말한 거야?"

"아닙니다. 제가 생각한 것입니다."

여기서 또 어벙하게 "예 병사들이 말했습니다."라고 하면 이제 병력들은 소대장에게 속마음을 이야기하지 않을 것이다. '말한 걸 그대로 옮기는 앵무새'라고 생각할 것이다. 원래 중간에 낀 사람이 가장 힘들다. (하지만 당신이 어디까지 올라가든지 중간에 낀다. 중대장이 되면 소대장과 대대장님 사이에, 대대장이 되면 연대장님과 중대장들 사이에.) 모든 이를 충족시키기는 어렵지만 중간자의 역할을 항상 해 주어야 한다.

④ 중대의 참모장교 되기

선배 장교가 하신 말씀이 있다. 먼저 중대장에게는 참모가 없다. 대대급 지휘관이 되어야 분야별로 참모가 생긴다. 중대장에게는 소대장, 행정보급관 둘 뿐이다. 그러면 소대장이 곧 참모다. 인사, 정보, 작전, 군수, 재정 등 모든 분야에 대해 알고 있으면서 지휘관에게 시기적절하게 참모조언을 할 수 있어야 한다.

물론 혼자서 할 수는 없다. 하지만 소대장의 책임이 단순히 병력을 잘 관리하는 것이 끝이 아니라는 것을 명심해라. 전시작전 계획에 대해서도 잘 알아야 하고 비문관리, 소대장 지휘 활동비 관리 등 모든 분야에 대해 알고 있어야 한다. 혼자서 다 하라는 소리가 아니다. 다 알고 어떻게 하는지 알고 있으라는 것이다.

021

복사(ctrl+c), 붙여넣기(ctrl+v)는 이제 그만!

"변화도 없이 늘 정해져 있는 일상을 그렇게 지겨워한 주제에, 정작 일상을 벗어난 일이 일어나자, 너무 귀찮아서 안 보이는 척 못 들은 척하며 일상에 달라붙어 있으려 하고 말았지 아니, 그것뿐만이 아니야. 왜 내가 이런 꼴을 당해야 하느냐고, 하루카를 원망하기도 했어."

— 『Fly Daddt Fly』

여러분이 이곳에서 일을 하며 가장 많이 사용할 컴퓨터 단축키다. 우울한 일이다. 정말 발전할 수 없는 현실이다. 일반적으로 교육 훈련 계획, 주기 업무 등은 과거 자료를 그대로 옮기는 경향이 많다. 크게 바꿀 내용이 없기 때문이다. 하지만 이런 생각(바뀔 게 없다)을 가지는 순간 우리 군의 미래는 점점 빛을 잃는다. 매일 똑같은 훈련장에서 똑같은 훈련만 하는데 발전이 있을 수 있겠는가? 부대마다 수준이 다르고 또 개인

육사라는 버스에 무임승차하지 마라

마다 수준이 다르다. 이를 고려하지 않고 모두가 같은 훈련을 받는다는 것은 말이 안된다.

여러분의 능력은 무한하다. 훈련 계획부터 여러분이 구상해 봐라. 전시작전 계획을 숙지하고 훈련을 한번 해 보면 여러분의 부대에 무엇이 부족한지, 어떤 부분에 중점을 두어야 할지가 눈에 보일 것이다. 그것을 훈련시키는 것이다. 맨날 똑같은 것을 해 봐야 재미도 없고 감동도 없다.

재미있는 사실은 훈련이 힘들수록 병사들은 나가서 할 말이 많아진다는 것이다. 해병대가 어떻게 전우회까지 있을까? 그들은 같은 경험을 공유했고 함께 고생했다. 그 고생한 경험을 평생 공유하는 것이다. "우리 부대에선 이런 것도 했어."라고 하면 밖에서는 무슨 소리 하냐며 무시당할지도 모르지만 스스로는 그것이 자부심이 된다. 강인한 교육 훈련은 내부 결속력을 굳건하게 해 준다.

022
뒷담화는 위험하다

"거듭 당부하는 건 말조심하는 일이다. 전체적으로 완전해도 구멍 하나만 새면 깨진 항아리와 같듯이, 모든 말을 미덥게 하다가도 한마디만 거짓말을 하면 도깨비처럼 되는 것이니 너희는 정말로 조심하여라."

—『유배지에서 보낸 편지』

두 가지만 기억하자. 모욕죄라는 사실과 '당신의 입 속에 들어 있을 때 말은 당신의 노예이지만, 입 밖으로 나온 말은 당신의 주인이다.'는 유대인의 속담을 기억하자.

육사라는 버스에 무임승차하지 마라

군형법 제64조(상관 모욕 등)

① 상관을 그 면전에서 모욕한 사람은 2년 이하의 징역이나 금고에 처한다.

② 문서, 도화(圖畵) 또는 우상(偶像)을 공시(公示)하거나 연설 또는 그 밖의 공연(公然)한 방법으로 상관을 모욕한 사람은 3년 이하의 징역이나 금고에 처한다.

③ 공연히 사실을 적시하여 상관의 명예를 훼손한 사람은 3년 이하의 징역이나 금고에 처한다.

④ 공연히 거짓 사실을 적시하여 상관의 명예를 훼손한 사람은 5년 이하의 징역이나 금고에 처한다.

— 전문개정 2009.11.02.

023
사공이 많으면 배가 산으로 간다

"인생에서 방황은 곧 시행착오일 뿐인데 우리는 이것을 죄악시하곤 한다. 방황은 죄악이 아니다. 인간에게 방향이 없다는 것은 나아가려는 의지가 없다는 것과 같다."

—『자기혁명』

보통 대학이나 교육기관에서 조별로 과제를 하면 사실 한두 명이 다 한다. 어느 교육기관이나 비슷하지 않을까 생각한다. 이 말의 논지는 혼자하라는 것이 아니다. 여러분이 어떤 일을 시행하기 전에 반드시 사람들의 의견을 들어야 한다는 것이다. 다만 의견을 내는 사람 중에 아무이유 없이 비판한다던가 해결책 없이 비판한다면 그 사람은 불필요한 사공이니 버려라. 그런 사람들은 어느 조직에서든 쓸모없는 사람이다.

육사라는 버스에 무임승차하지 마라

어떤 일을 추진할 때 모든 이의 마음에 들기 위해 노력하지 마라. 다만 이 일이 전시에 내 부대가 임무를 수행하는 데 꼭 필요한 것인지 물어봐라. 그러면 답은 쉽게 나온다. 많은 사공이 당신의 배를 함부로 하지 않도록 해라.

024
제발 야근 좀 하지마라

"아내를 희생하고 아이들에게 미안할 일을 하면서 얻어지는 성공이 과연 진정한 성공일까? 평생 한 번도 쉬어보지 못하고 성공을 얻었다면, 성공이 후에는 쉴 수 있을까?"

— 『노는 만큼 성공한다』

내가 ○사단에 있을 때 지휘관은 퇴근을 빨리 하시지 않으셨다. 그래서 나도 병사들과 항상 잡담도 하고 면담도 하며 정신없이 보냈다. 물론 남는 건 있었다. 병사들에 대해 정말 자세히 알 수 있었다.

그런데 병사들은 간부들이 남아 있는 것을 좋아하지 않는다. 일과가 끝나면 '퇴근했다'는 느낌이 들어야 하는데 간부가 있으면 마치 회사에서 직장 상사가 당신의 집에 같이 온 그런 느낌이란다. 초반 몇 달은 좋았다. 병사들에 대해 잘 알 수 있었으니. 그런데 그 뒤로는 내가 무엇을 하고 있는지 몰랐다. 무엇을 해야 할 지도 몰랐다.

하루는 너무 궁금해서 중대장님께 여쭈어 봤다.

"중대장님. 퇴근 안 하십니까?"

"나? 퇴근해서 할 게 없어. 그래서 늦게 가는 거야."

당황스러웠지만 침착하게 반응했다.

"하하하, 저도 집에 가서 할 게 없습니다. 하하하."

야근이 다시 시작되었다.

다시 한 번 말하지만 먼저 야근을 하지 않도록 일과 중에 똑똑하게 해라. '이게 과연 내가 지금 당장 하지 않으면 안 되는 일인가?'라고 자문해 보아라. 그리고 피치 못해 야근을 하려면 다른 사람은 모두 퇴근시켜라. 장교는 직책상 대부분 휘하에 병력이 있기 때문에 장교가 야근하는 것은 한국인 정서상 너도 야근하라는 것처럼 보인다. 그럴 땐 먼저 퇴근하라고 말하고 퇴근을 안하면 혼내라. (물론 지휘관이 지시하지 않았는데 무엇인가 혼자 하고 싶은 경우도 있으니 상황을 잘 파악해라.)

내가 모시던 대대장님은 항상 정시에 출근, 정시에 퇴근하셨다. 그리고 부대도 최우수 부대로 만드셨다. 비결이 무엇일까? 개인 시간이 없다는 것은 내가 하고 싶은 게 있지만 할 수가 없는 것이다. 사람들은 하고 싶은 일을 하고 나면 의욕이 고취된다. 밤에 원하는 것을 한 사람들은 다음날 열심히 한다. 마치 휴가 마치고 돌아온 사람이 '며칠 동안은' 일을 열심히 하는 것처럼 말이다. 미혼자들은 게임도 하고 술도 마시고 이성친구도 만나야 하고, 기혼자들은 마나님도 모시고 육아도 해야 한다. 부하를 배려하자.

025

Leader vs Follower,
무엇이 우선인가?

"무엇을 하는 가는 중요치 않네. 이 땅 위의 모든 이들은 늘 세상의 역사에서 저마다 중요한 역할을 하고 있으니. 다만 대개는 그 사실을 모르고 있을 뿐이지."

— 『연금술사』

　기간으로 보자면 팔로워가 더 중요하고 중요성으로 본다면 둘 다 중요하다. 육사 생도 시절과 그 후에도 모든 사람들이 리더의 덕목에 대해서만 배운다. 팔로워에 대해서는 아무도 말해 주지 않는다. 그런데 중요한 것은 어느 곳에서든 리더보다는 팔로워로서 생활하는 기간이 훨씬 길다는 점이다. 그리고 누구든지 리더이면서 동시에 팔로워라는 사실이다. 소대장도 리더이면서 중대장의 팔로워이듯 어느 직책에서 임무를 수행하더라도 리더이자 팔로워가 된다.

그렇다면 리더는 어떻게 해야 하는가? 생도 때 훈육장교님께서 명언을 남기셨다.

"민우야, 리더십이 뭐냐?"

제대로 대답하지 못했다. 배우긴 한 것 같은데 아는 것 같지는 않은 그런 느낌.

"리더십엔 답이 없어. 상황에 따라 달라져야만 하는 게 리더십이야."

내 어깨를 시원하게 툭툭 치시고는 갈 길을 가셨다.

나는 이 말을 곰곰이 생각했다. '왜 답이 없지?' 배운 것과는 전혀 달랐다. 하지만 졸업 전과 야전에 와서 조금씩 느끼고 있다. 졸업 전에 미군의 사례로 전시와 평시의 리더십의 차이에 대해서 배운 적이 있다. 전쟁을 경험한 미군을 대상으로 전·평시 리더십을 조사한 결과는 다음과 같다.

평시에는 민주적인 리더를 원하지만, 전시에는 권위적인 리더를 원한다는 것이다. 평시에는 생존에 대한 위협이 없기 때문에 자아실현의 욕구가 강하다. 그래서 팔로워는 리더가 자신의 의견을 적극 반영해 주고 존중해 주기를 바란다. 반면 전시에는 '이 리더를 따르면 내가 생존할 수 있다.'라는 사실만이 중요하다고 한다. 당장 생존이 가장 급한 문제이기 때문이다. 그래서 권위적인 리더를 원한다고 한다. 물론 이것 자체도 답이라고는 할 수 없다.

그럼 팔로워는 어떻게 해야 하는가? 답은 없지만 하나만 생각하자. 지금은 내 위치에서 제대로 하는 것이 제대로 된 팔로워가 되는 것이라는 점을!

026

회의는 핵심만 간략하게

"망해가는 기업일수록 회의시간이 길어진다."

— 『나는 아내와의 결혼을 후회한다』

내가 ○사단에서 소대장으로 있을 때 회의 시간이 가장 괴로웠다. 요점 없이 각종 필요 없는 잡담만이 즐비했기 때문이다. 그리고 항상 결론은 "오늘 하루 수고하세요."나 "오늘 하루 수고하셨습니다."가 끝이었다.

사실 나는 회의하는 시간 자체가 아까웠다. 오전 회의는 오전 9시쯤 시작해서 10시쯤 끝났다. 그러면 12시에 밥을 먹고 1시부터 오후 일과를 시작해서 3시 30분쯤에 또 오후 회의를 했다. 그리고 오후 4시부터는 체력단련을 했다. 하루에 내가 제대로 일하는 시간이 얼마인가? 한탄스러웠다.

그래서 내가 중대장일 때는 전화기를 최대한 많이 활용했다. 군이 부를 필요 없이 간단하게 통화하는 것이다. 물론 중요한 사항이 있으면 소집해서 회의를 했지만 짧게 했고 핵심만 전달했다. 가끔 딴소리를 할 때가 있었지만 중대 회식 장소를 정한다거나 그런 경우 외에는 특별히 시간을 끌지 않았다. 물론 내 중대원들이 그렇게 느끼지 않았을 수도 있지만 최대한 노력했다.

내가 중대장일 때 지휘관께서는 회의에 중대장만 참석하지 말고 소대장, 행정보급관, 나머지 간부들이 돌아가면서 참석하게 하셨다. 정말 좋은 시간이었다. 내가 회의를 하러 간 사이 어떤 시간이 취약한 시간이고 병사들이 우왕좌왕하는 시간이 언제인지도 다 알 수 있었다. 정말 좋은 방법인 것 같다.

여러분도 제발 회의에 미치지 마라. 회의는 핵심만 간략하게 하고 필요한 사람만 참석하게 해라. 그리고 소통의 창구를 마련해서 다 같이 내용을 공유할 수 있게 해라.

027
지휘관은 시간이 없다,
보고는 짧고 간결하게

"우리는 어떤 습관이든 바꿀 수 있다."

— 『습관의 힘』

병사들이 가장 많이 찾아오는 이유는 휴가와 포상, 그리고 진급에 관한 것이다. 보통은 말을 이렇게 시작한다.

"중대장님, 저 사실은 어제 밤에 통화하는데 여자 친구가 갑자기 헤어지자고 했습니다. 그래서 마음이 괜히 뒤숭숭합니다. 부모님도 싸우셔서 집안 분위기도 안 좋습니다."

나는 그들이 무엇을 말하려는 것인지 대충 안다. 사실 그들은 나에게 "제가 지금 힘든 상황입니다."라는 것을 이해시키려고 길게 이야기했지만 결론만 이야기한다면 이렇게 된다.

"중대장님, 저 휴가 나가도 되겠습니까?"

"그래. 무슨 일 있어?"

"사실은 (생략)."

이렇게 말하면 듣는 사람도 말하는 사람도 한결 편하다. 시간도 굉장히 단축된다. 항상 결론부터 말해야 한다. 우리의 상관은 시간적으로 여유롭지 않다. 계급이 오를수록 해야 할 일과 책임이 넘친다. 내 개인적인 사항을 말하기 위해 상관의 시간을 많이 뺏는 것은 좋지 않다.

여러분도 계급이 올라갈수록 느낄 것이다. 정말 내가 고민할 수 있는 시간이 그리 많지 않다. 그렇게 때문에 위관장교 시절부터 남는 시간에는 어떻게 임무수행을 할 것인지 고민하고 시행착오를 겪어 보는 게 중요하다. 내가 소위라고 소위의 일만 하는 것은 바보 같은 짓이다. 자신보다 상위 계급의 사람들이 어떤 일을 하는지 보고 내가 저 자리에 가면 어떻게 할 것인지 고민해 보는 습관을 가져라. 단, 소위의 임무를 완벽하게 하고 나서 그렇게 해라. 소위의 일도 제대로 못하면서 상급자의 일을 고민하는 것은 김칫국 마시는 행위다.

028
당직은 그냥 밤을
지새우는 시간이 아니다

"출세를 하려면 정신보다도 습관이나 경험이 필요하다. 그런데 사람들은 그것을 너무 늦게 깨닫는다. 그리고 그것을 깨달았을 때는 이미 저지른 온갖 실수를 돌이킬 여유가 없다. 성공하는 사람이 매우 드문 까닭이 바로 여기에 있다."

― 라브뤼예르

○사단으로 전입한 이후 처음으로 당직을 섰다. 미리 당직사령과 동반 근무도 하고 혼자서 많은 것을 공부했지만 막상 당직 근무 완장을 차니 아무 생각도 나지 않고 무섭기만 했다. 이 많은 대대병력을 내가 관리하고 책임져야 한다는 압박감이 엄청났다.

새벽 2시경 전체 비상소집령이 내려졌다. 이유는 모른다. 그냥 비상소집이란다. 비상연락망을 보고 정신없이 전화를 했다. 그리고 지휘관께서 자리에 앉으셨는데 나는 아무것도 하지 않았다. 지휘관께서 오시면 기본적으로 지금까지 실시한 사항(현재 적과 아군 상황, 우리 부대의 전투준비 상태, 비상소집 응소율 등)에 대해 기본적으로 보고를 해야 하는데 나는 멀뚱멀뚱 서 있었다. 지휘관께서 답답하셨는지 나를 불러서 "구 중위, 앞으로는 보고 좀 해라."라고 말씀하시고는 올려 보내셨다. 그때 이후로 나는 '같이 당직하면 사건하나 터지는 사람'이 되었고 신기하게도 내가 당직 근무를 하는 경우에 많은 사건이 있었다. 그리고 그 경험은 지금 나에게 큰 자산이 되었다.

지금도 그때를 생각하면 식은땀이 난다. 전시였으면 나는 아마 총살감이다. 비상소집을 했으면 그에 상응하는 전투준비를 해야 했는데 나는 기껏해야 비상연락망으로 전화하고 멍하게 있었다. 다행히 당시 중대 당직 근무자들이 베테랑들이라 전투준비는 이상 없이 했지만 나는 부대 전체가 돌아가는 것 자체를 잘 몰랐다. 전시 작전계획을 내가 소속된 중대 것만 열심히 봤지, 대대 것은 알지 못했다.

여러분이 당직 근무를 하게 되면 정말 준비할 것이 많다. 전시작전 계획은 기본적으로 알아야 상황발생 시 초기 대응이 가능하고 지휘 통제실에 있는 각종 통신기기 조작 등도 기본적으로 할 줄 알아야 한다. 누군가는 이렇게 말할 수도 있다. "아, 그거 병사가 할 줄 알아요." 그렇다면 나는 이렇게 묻고 싶다. "그럼 그 병사가 없으면? 못해도 돼?" 그 병사가 없으면 하지 못한다는 것이 말이 된다고 생각하는가? 항상 전시를 생각해라. 당직 근무 시에는 해야 할 것이 산더미다.

029

현실과 이상의 괴리감,
진급을 위한 군생활

"직업적인 성공은 참으로 대단한 것이지만 추운 밤에 그걸 베개 삼아 잠들 수는 없는 일이다."

— 마릴린 먼로

생도시절부터 항상 '국가와 국민을 위해 목숨을 바친다'는 생각으로 생활했는데 야전에 와 보니 그게 아니었다. '내 진급을 위해 목숨을 바친다'는 표현이 적절했다.

모든 사람이 그런 것은 아니겠지만 일부 군인은 지금 자신이 하고 있는 것이 군과 국가에 도움이 되는 것인지 생각하지 않는다. 그냥 '진급에 조금이라도 도움이 되지 않을까?'라고 생각한다. 이게 현실이다. 여러분들도 겪게 될 것이며 나도 마찬가지다.

사실 진급하기 위해서 해야 할 것이 많다. 일단 인사고과(평정)를 잘 받아야 한다. 즉, 상급자에게 평가를 잘 받아야 한다. 체력검정도 우수하게 받아야 하고 상장, 표창장도 받아야 한다. 요즘에는 소령 진급 시 ○개 과목에 대해 공부하고 시험을 쳐서 합격도 해야 한다. 이것 외에도 할 것이 많다. 이들에게 이에 더해 '군과 국가를 위해 무엇을 할 것인지 고민하고 스스로 공부해라!'라고 한다면 가혹하다.

무엇 때문에 이렇게 되었을까, 어떻게 하면 되돌릴 수 있을까를 고민해 보았다. (물론 내 생각이니 헛소리 일수도 있다.) 첫 번째는 '군에 대한 인식 때문이 아닐까?'라는 것이다. '노블레스 오블리주가 부족한 것은 아닌가?'라는 생각이 든다. 돈이 있으면 군에 가지 않으려 한다. 시간낭비라 생각하는 것이다. 명예직인데 전혀 명예롭게 생각하지 않는다. 즉, 소명의식보다는 직업의식이 크다. '돈을 버는 곳'이라는 생각이 먼저인 것이다.

이것을 어떻게 고칠 것인가? 쉽지 않다. 군에 대한 인식이 바뀌기 위해서는 노력이 필요하다. 군 스스로가 청렴해져야 하며 노력해서 성과를 내는 모습을 언론을 통해 국민에게 보여줄 수 있어야 하지 않을까.

두 번째는 '진급을 위해 너무 많은 것을 요구하고 있지 않은가?'에 관한 것이었다. 사실 야전에서 놀란 것은 '장교들이 이렇게 독서를 안 하나?'였다. 그런데 가만히 보니 진급을 위해 해야 할 것이 정말 많았다. 그러니 마음의 여유가 없는 것이다. 모두가 '진급'에 대해서만 고민하고 있게 된다.

진급을 위해 해야 할 것을 조금만 줄이더라도 자기계발을 스스로 할 것이다. 그렇지 않은 사람은 저절로 도태되기 때문이다. 선배님들이 하신 말씀이 있다.

"작은 일부터 잘해야 된다."

무슨 말인가 여쭤보니 위관장교(소위~대위) 시절부터 독서하고 공부하고 생각을 많이 한 사람, 즉 항상 열심히 하는 사람이 결국에는 진급을 하더라는 것이다. 진급 시에 너무 많은 것을 요구하기에 사람들은 진급기준만 어떻게든 맞추려고 한다. 사실 기준보다 많이 하든 적게 하든 받는 봉급은 같다. 그러니 진급기준에 지쳐서 딱 그 기준만 하게 되는 하향평준화는 아닌가 걱정된다.

가장 좋은 것은 진급을 위해 해야 하는 것들이 결국에는 군과 국가에 도움이 되는 것이다. 물론 이를 위해 많은 분들이 노력하고 계실 것이다.

진급을 위한 기준을 조금이라도 완화해주면 어떨까? 어차피 노력하지 않는 사람은 진급되지 못한다. 그런데 거기에 더해서 계속해서 무엇을 하라고 하니, 그 이상 무엇을 할 여력이 없어지는 것 같다.

여러분이 '인사' 분야로 진출할 생각이라면 이 말을 고심해 주었으면 한다.

육사라는 버스에 무임승차하지 마라

030
불치하문,
당신은 모든 일의 전문가가 아니다

"생존하고 성장하려면 조직의 어느 위치에 있든 상관없이 모두에게 귀를 열어 놓고 배워야 한다."

—『경청』

야전에서 가장 안타까웠던 점은 계급이 조금 올라갔다고 본인이 모든 것을 다 아는 것 마냥 행동하는 사람들이 있었다는 것이다. 자신이 경험한 것, 알고 있는 것이 전부 답인 것처럼 모든 것을 판단하고 우기는 사람들이 굉장히 많다. 여러분은 그러면 안 된다. 정말 중요하지만 여러분이 모르는 것이 있다. 바로 '병사들의 마음'이다.

여러분은 병사 생활을 겪어보지 못했다. 물론 생도 1학년 때 병영 체험을 하지만 너무 짧기도 하고 병사들은 생도들을 불편해 한다. 전시에 여러분과 싸울 병력들의 속마음도 모르는데 그 외에 무엇을 안다고 거

들먹거리나? 겸손해져라. 그리고 항상 배워라. 나보다 못해 보이는 사람에게도 정말 배울 점이 많다. 특히 이럴 때는 배가 아프다. "쟤는 학창 시절에 나보다 공부도 못하고 운동도 못하고 얼굴도 못생겼는데 지금 사업해서 100억대 부자가 되었네." 여러분은 그 친구를 얕잡아 보기만 했지 배우려고 하지 않았기 때문일 것이다. 지금이라도 늦지 않았다. 여러분은 전문가가 아니다. 아는 척하지 말고 항상 겸손하게 배우자.

여러분이 먼저 모른다고 다가가면 사람들이 굉장히 의아해하면서도 잘 알려줄 것이다. 군에서 육사 출신의 이미지는 'FM, 완벽함' 등이다. 하지만 여러분이 먼저 모르는 것을 인정하는 인간적인 모습을 보이면 부하들도 먼저 마음을 열고 여러분을 따를 것이다. 그리고 나는 이 방법으로 부하들의 많은 고충사항을 알 수 있었다. 모르는 걸 즉시 인정하는 인간적인 모습이 부하의 마음을 여는 것이다. 너무 완벽한 모습을 보이면 사람들은 '저 사람은 너무 완벽해서 내가 이런 부족한 점을 말해도 이해하지 못하겠지?'라고 생각하며 말문을 닫아 버린다. 그러지 말자. 모르는 걸 인정하고 항상 배우자.

031
계급장이 당신의 목표가 되어서는 안 된다

"세상에 바보같은 짓이 '사회적 지위'로 자신의 존재를 확인하는 일이다."

—『나는 아내와의 결혼을 후회한다』

계급장이 목표가 되는 순간부터 당신의 인생은 괴롭다. 예를 들어 계급장이 목표인 어떤 사람의 삶을 보자. 진급을 위해 모든 것에 열심이다. 그래서 가족을 버렸다. 어쩔 수 없었다. 진급을 위해 모든 것을 군에 바쳐야 했다. 그러면 모든 주변의 사람들은 내 적이 된다. 내가 견제해야 할 대상이 되는 것이다. 그렇게 해서 내가 원하는 계급이 되었다. 그럼 이제 무엇을 해야 할까.

내가 하고 싶은 말은 계급장이 여러분의 목표가 되면 안 된다는 것이다. 목표는 구체적인 행동이 실천되는 것이 가장 좋다. 그리고 그 목표는 내가 선택의 기로에 있을 때 나를 이끌어 줄 나침반이 되면 더 좋다.

사실을 말하자면 나도 아직 없다. 막연하게 '군에서 전역한 인원들이 군 서포터가 되도록 하자!' 정도다. 그래도 리더십 목표는 하나 만들었다.

리더십 목표
① 이해하라. 우리는 서로 다른 길을 평생 걸어왔다. 우린 서로 다르다는 것을 이해하라.
② 희생하라. 부하들은 내 시중을 드는 사람들이 아니다.
③ 진심으로 대하라. 진심을 다해야 마음을 얻는다.
④ 포기하라. 내 이익을 포기해야 부하들이 따른다.
⑤ 경청하라. 입을 다물고 남의 말부터 들어라.
⑥ 팀워크를 이루어라. 혼자 할 수 있는 건 없다.

032
화내면 진다,
규정대로 해라

"오늘날 높은 성과를 가져다주는 시스템과 조직은 다음의 4개의 F를 갖추고 있다. 조직은 신속하고(Fast), 집중하며(Focused), 유연하고(Flexible), 다정해야(Friendly) 한다. 그리고 무엇보다 조직은 즐거워야(Fun) 한다."

— 하버드대 교수, 로자베스 모스켄터

생도생활을 하면서 벌점을 부여하는 등의 행정적인 처벌보다는 화내는 법에 익숙해진 사람이 많을 것이다. 그 방법이 쉽고 간편하기 때문이다. 행정적인 처벌을 위해서는 특정한 절차를 밟아야 하고 기록이 남는다. 대신에 화를 내면 기록에도 남지 않고 스스로도 편하며, 당하는 상대방도 편할 것(?)이라고 생각하게 된다. 하지만 이러면 절대 안 된다. 여러분은 화를 내는 순간 지는 것이다.

규정대로 하지 않은 것이 결국에는 여러분의 군생활을 망칠 것이다.

규정이 왜 존재하는가? 설마 여러분이 귀찮으라고 존재하겠는가? 아니다. 아무리 이상한 사람이 지휘관으로 와도 규정에 따라 움직이면 보통은 되게 만들어 놓은 것이다. 즉, 함부로 하지 못하게 하는 기능, 해야 될 것을 반드시 하도록 하는 기능 등이 있는 것이다. 귀찮더라도 규정은 항상 찾아보고 개정된 사항을 확인해라.

이런 일이 있었다. 공휴일이 되면 지휘관들은 무엇을 할까 고민하다가 영화를 보여 주는 경우가 많다. 나름 병력들을 생각한다고 최신 영화를 어둠의 경로를 통해 다운받아서 보여 준다. 이는 무엇인가? 중대한 범죄행위 중 하나이다. 그리고 규정상 외장하드 등을 부대에 반입하기 위해서는 절차가 필요하다.

결국 해당 중대에 있던 병사가 상급 지휘관에게 마음의 편지를 적었다. 자기 지휘관이 법규를 어기는 행동을 했다고. 여기서 무슨 생각이 드는가? 병사가 잘못한 것인가? 아니다. 그 지휘관이 잘못했다. 규정대로 하지 않은 하나의 행동이 여러분의 발목을 잡을 것이다. 규정대로 해라.

033
여군과의 문제로 헌병대에 끌려가다

"옛말에 음식이 흘러넘치고 주색잡기에 계속 빠져있으면 불행이 가까이 온다고 했다."

—『유배지에서 보낸 편지』

어느 날, 지휘관께서 나를 부르셨다.

"구 중위. 나랑 같이 어디 좀 가지."

나는 지휘관의 차량 뒤에 타고 있었는데 차량이 헌병대로 들어갔다. '뭐지? 잘못한 게 없는데?' 헌병대장님이 종이컵에 주스를 따라주시면서

"구 중위. 사실대로만 말하면 자네에게 유리한 쪽으로 해석해 주겠네."

뭔지는 모르겠지만 일단 "예."라고 답했다. 그리고 수사관실로 들어

가서 취조를 받았다. 나에게 동영상을 보여주었는데 여군과 1:1로 만나는 장면을 동영상으로 촬영했다. 밥 먹고 노래방에 갔는데 노래방에서 무엇을 했냐고 물었다. 당황스러웠다. '노래방에서 노래하지 하긴 뭘해?'라고 말하고 싶었지만 꾹 참았다.

"동영상 촬영을 다 해 놓고 왜 노래방은 왜 촬영을 안 하셨습니까?"

내가 이렇게 묻자 대답이 없었다. 그리고 나는 개인정보제공 동의서를 적고 휴대폰을 압수당했다. 내가 나가고 있는데 수사반장(준사관)이 나에게 "아니. 여군이랑 왜 1:1로 밥을 먹어요? 이상한 사람이네."라고 말해서 정말 주먹이 나갈 뻔 했지만 지휘관께서 같이 계셨기에 참았다. 결국 아무 일 없었고 해프닝으로 끝났다.

어떤 일이 발생했는지는 자세히 적지 않겠다. 결론적으로 아무 일이 없었다는 것만 적어두겠다. 하지만 내가 말하고 싶은 것은 이성인 군인과 1:1로 만난다는 것이 자칫 위험할 수 있다는 것을 말하고 싶다. 여러분이 아무렇지도 않게 생각할 수 있지만 상황이 그렇지 않을 수 있다는 것을 항상 명심하길 바란다.

034
미군은 박수를 받고,
한국군은 손가락질을 받고

**"사람들은 항상 현재 위치는 그들의 환경 때문이라고 탓한다. 나는 환경을
믿지 않는다. 이 세상에서 출세한 사람들은 자리에서 일어나 그들이 원하는
환경을 찾은 사람이다. 그리고 그들이 원하는 환경을 찾지 못할 경우에는
환경을 그들이 원하는 모습으로 바꾼다."**

— 버나드쇼

몇 년 전 미국 CF 중에 공항에서 미군들이 파병을 마치고 돌아오는
길에 시민들이 기립해서 박수를 치는 것이 있었다. 나도 보고는 "와 미
군이나 할 걸."이라고 생각했다. 이것은 시민의식 때문이 아니라 미군이
보여주는 희생 때문이라고 생각한다.

미군은 항상 전쟁터를 다니고 언론은 그 영상을 보도하며 미군이 이
렇게 열심히 싸우고 있다는 것을 보여준다. 그래서 미국 시민들은 미군

이 목숨을 바쳐서 열심히 하고 있다고 생각하게 된다.

하지만 우리는 어떤가? 사실상 적과 교전하는 전쟁터에 있지만 보여줄 수는 없다. 그러면 파병 부대들은 어떤가? 전투 파병이 아니다. 우리는 대부분 재건, 평화유지의 임무를 수행한다. 적과의 실제 교전은 거의 일어나지 않는다. 이게 우리 여건의 한계가 아닐까. 우리가 목숨을 내놓고 이렇게 임무수행을 하고 있다고 보여주는 것은 실질적으로 어렵다. 그렇다고 포기하지는 말자. 지금 여러분이 있는 자리에서 열심히 잘하면 언젠가는 바뀔 것이다.

육사라는 버스에 무임승차하지 마라

035
지역 주민이 군을 바라보는 시각,
"비켜, 임마!"

"하나도 두려워할 게 없다. 다 이해하게 될 것이다."

— 마리퀴리

내가 ○사단에서 훈련을 하던 중이었다. 부득이하게 많은 차량이 움직여야 해서 나와 다른 간부들은 경광봉을 들고 양쪽 차선을 가로막고 있었다. 덤프트럭 한 대가 내 앞으로 와서 창문을 내렸다. 나는 경례를 하고 죄송하다고 말하려는 순간이었다.

"비켜, 임마! 네가 내 영업비 줄 거야?"

이렇게 말하고는 나를 무시하고 중앙선을 넘어가 버렸다. 운전하시는 분들은 시간이 돈이기 때문에 이해는 했다. 그런데 눈물이 났다. 위장크림 일부가 지워졌다. 너무 서러웠다. '내가 이런 취급 받으려고 육사 4년 고생하고 여기서 이러고 있는가?'라는 생각이 들었다. 물론 모든 사람들이 그런 것은 아니다. 가끔 식당에 가면 군인이라고 많이 주시는 분들도 많다.

우리 균이 아직 완전한 국민의 신뢰와 사랑을 받지 못하고 있다는 것은 우리 모두가 풀어가야 할 숙제가 아닐까 싶다. 또한 우리가 더 열심히 그리고 잘해야 한다는 뜻이라고 생각한다.

물론 이런 상황에서 주민과 싸우는 사람도 간혹 있다. 군인으로서 자부심이 크고 자신감이 넘치는 사람들. 그러면 안 된다. 육군 복무신조 첫 줄에 이렇게 적혀있다. '우리는 국가와 국민에 충성을 다하는 대한민국 육군이다.' 그분들도 모두 대한민국 국민이다. 그분들에게 화내지 마라. 그분들의 생명과 재산을 보호하기 위해 우리가 있는 것이다.

육사라는 버스에 무임승차하지 마라

036
소탐대실,
교육기관에서 그릇의 크기가 드러난다

"사람은 누구나 자신만의 짐을 지고 살아가지만 다른 사람의 도움을 받지
않고는 살아갈 수 없다."

—『가고 싶은 길을 가라』

생도 때 동기 중에 시험 기간이 되면 자신이 정리한 것을 공유해 주
는 동기가 있었다. 그 동기는 항상 최상위권의 성적을 유지했다. 신기했
다. 나는 동기의 성적보다 그의 인간성이 너무 좋았다. 남을 험담하는
것을 보지 못했다. 그리고 도움을 요청하면 거절하는 법이 없었다. 4학
년 하훈 때 같이 일했는데 그 친구는 너무 열심히 해서 쓰러진 적도 있
었다. 진짜 군인을 떠나서 인간으로 너무 좋고 배우고 싶은 동기다.

사람들은 대부분 교육기관에서 자신의 그릇을 드러낸다. 욕심이 있
는 사람들은 대부분 같이 가려고 하지 않고 혼자 가려고 하기 때문이

다. 나도 이 부분을 잘하지 못했다. 내가 작성한 것이 있으면 보여주기 싫었다. 나도 그릇이 참 작다. 하지만 조금만 더 길게 봐라. 그 사람들은 전시에 여러분과 함께 싸울 전우들이다. 근데 자신의 욕심으로 그 사람들을 잃게 되면 내가 정말 도움을 필요로 할 때 도움을 받지 못하게 된다.

당신은 이미 생도생활에서 경험해 보았을 것이다. 욕심이 많은 사람의 최후는 혼자라는 것을 말이다. 그리고 그들은 머지않아 자신이 이기적으로 생활해 왔고 혼자임을 알게 될 것이다. 성적을 위해 사람을 잃는 우를 범하지 말자.

야전으로 가면 동기나 선후배의 도움이 절실히 필요한 경우가 많다. 특히 다른 부대가 잘하고 있는 사항을 벤치마킹하고 싶은 경우 많은 자료가 필요한데 이 자료는 누구에게서 얻겠는가? 바로 동기와 선후배다. 스스로가 자료를 다 만들고 알아서 하겠다면 말리지는 않겠다. 성적을 선택해라. 하지만 혼자서 잘나가는 사람은 결국 혼자서 추락한다는 것을 모든 사람이 알고 있다. 여러분도 그것을 너무 늦게 깨닫지 않기를 바란다.

037
건강이 먼저다

"조급하게 굴지 마라. 행운이나 명성도 일순간에 생기고 일순간에 사라진다. 그대 앞에 놓인 장애물을 달게 받아라. 싸워 이겨나가는 데서 기쁨을 느껴라."

— 앙드레 모아

나는 지금까지 성적이 먼저인 줄 알았다. 항상 경쟁하는 분위기였으며 경쟁에서 뒤처지면 패배자로 몰아가는 분위기에서 살았기 때문이다. 그래서 스스로 하지는 않았지만 시키는 것은 다 했다. 그러다 보니 몸에 하나 둘 이상이 오기 시작했다.

과도한 무릎 사용으로 인한 슬개골·연골 연화증, 수면 부족과 스트레스로 인한 지루성 피부염, 조금만 무리하면 오는 장염, 생도시절에 비해 12kg 늘어난 몸무게 등 몸이 완전히 망가졌다. 중요한 것은 망가지면 돌아와야 하는데 돌이킬 수 없었다. 어디선가 읽었는데 '사람들은 젊어서는 돈을 위해 건강을 바치고, 늙어서는 건강을 위해 돈을 바친다.'라는 구절이었다. 당시에는 몰랐지만 지금 사회생활을 몇 년 하지도 않았는데 내 몸이 이렇게 되어버렸다. 여러분은 자신의 건강을 너무 자신하지 마라. 그리고 몸을 소중하게 아껴 써라. 정말 평생을 후회할지도 모른다.

지금까지 피부과에서 쓴 돈만 수백만 원이다. 그런데 처방이 무엇인지 아는가? 스트레스 받지 말고 잠 잘 자고 기름진 음식을 피하는 것이다. 내가 모르는 것인가? 아니다. 누구든지 알고 있다. 하지만 자신의 건강을 자신하는 순간 모든 것을 잃는다. 군대에서 아프면 정말 서럽다. 특히 지휘관은 병원에 가는 것이 정말 눈치 보인다. 자신의 건강과 체력도 제대로 관리하지 못하면서 어떻게 병력을 관리하겠는가? 지금 내가 아파죽겠는데 누가 아픈지 신경은 쓰이겠는가? 여러분의 건강이 먼저다.

038
일을 시킬 때는
여건 보장이 먼저다

"성공의 비결이 하나 있다면 나 자신의 입장만큼이나 타인의 입장을 이해하고, 그의 입장에서 바라보는 능력이다."

— 헨리 포드

생도생활 동안 이미 느꼈을 것이다. 교수님들께서 과제를 주시면 신기하게도 기간이 겹친다. 그래서 이런 생각을 하곤 했다. 교수님 입장에서는 과제를 한 개만 주시는 것이지만 우리의 입장에서는 너무 많다고.

일을 할 때도 마찬가지다. 대부분은 그렇지 않지만 일부 상관의 착각은 '나는 하나만 시켰는데 그거 하나 제대로 못하냐?'라는 것이다. 하지만 실상을 보면 그렇지 않다. 우리들의 부하는 내가 시키는 것 이외에도 여러 가지 임무를 수행하고 있는 경우가 대부분이다. 부하의 입장에서는 일을 시키는 것이 정말 중요하다. 당신이 말을 걸기 어려운 상관이라면 부하들의 고충은 더욱 커진다. 그러니 평소에 마음을 열고 대화하는 것이 중요하다.

이 때문에 작은 일부터 잘하라는 것이다. 소위 때부터, 작은 일부터 잘하고 자신의 임무를 잘 수행해 온 사람은 높은 직위에 가서도 부하들이 얼마나 많은 임무를 수행하고 있는지 안다. 그러지 않고 초급 장교 시절부터 제대로 하지 않은 사람들은 높은 직위에 가서 부하들이 놀고 있다고 생각한다. 그러지 말자. 초급 장교부터 제대로 열심히 하자. 그리고 부하의 입장에서 항상 임무를 부여하자. 부하들이 여러분을 진심으로 따를 것이다.

039
공은 부하에게, 책임은 내가

"탐욕, 분노, 불만은 스스로를 옭아매는 근원이다."

—『왜 일하는가』

이런 사람 꼭 있다. 부하에게 자신이 해야 할 일을 주고 부하가 잘하면 본인이 한 것이고 부하가 못하면 부하가 잘못한 것으로 돌리는 사람 같지도 않은 사람. 여러분들은 그런 사람이 되지 마라. 본인이 부여받은 임무면 부하에게 시켜도 내 책임이다. 그 사실을 명심하기 바란다. 제발 부하의 공을 가로채는 행위는 하지 말자.

나는 내가 한 일이 아니면 항상 보고를 마치고 "○○○가 임무수행 했습니다."라고 반드시 부하를 높인다. 그리고 상관도 알고 있다. 내가 한 것인지 다른 사람이 한 것인지. 평소 나의 태도와 행동을 보면 짐작이 간다.

040
잘못은 빨리 인정하고
개선할 방법을 찾아라

"나는 결점 없는 인간이 아니다."

— 프랑수와 비용

자기의 잘못을 절대 인정하지 않는 사람이 간혹 있다. 진짜 조직의 암 덩어리다.

"죄송합니다. 다음부터 이런 일 없도록 주의하겠습니다."

이 한마디 하기가 싫어서 변명으로 둘러댄다. 여러분도 그런 사람은 아닌지 스스로를 자세히 살펴볼 필요가 있다.

자신을 높이 평가하고 타인에 대한 인정의 욕구가 강한 사람들은 흔히 실수를 인정하려 하지 않는다. 결국에는 인정하게 되더라도 처음에는 자신이 한 것이 아니라고 한다.

잘못은 빨리 인정하자. 언제가 될지는 모르지만 사실은 드러난다. 대

육사라는 버스에 무임승차하지 마라

신에 잘못을 왜 하게 되었는지 고민하고 뿌리를 뽑자. 본인의 성격적 특성 때문에 실수를 하는 경우가 대부분이다. 본인의 어떤 성격이 잘못을 하게 만들었는지 반문하고 고치도록 노력해라.

나는 성격이 굉장히 급하다. 때문에 보고서를 작성하면 오탈자 같은 것이 눈에 잘 보이지 않는다. 그래서 중위 때 많이 힘들었다. 물론 지금도 이 성격을 완벽하게 고치지는 못했다. 하지만 적어도 무엇이 문제인지는 알고 있다.

스스로 단점을 찾기 힘들다면 직설적인 동기에게 물어보면 좋다. 가감 없이 이야기해 줄 것이다. 단, 본인이 물어보고서 말을 듣고 화내지 말자. 겸허히 받아들이자. 장교생활을 하면 생도생활처럼 누군가 나에게 '너 이거 고쳐야 돼.'라고 말해 주는 체계가 없다. 스스로 고쳐야 한다. 본인의 문제를 스스로 아는 장교가 되길 바란다.

041
보고할까 말까?

"우물쭈물하다 내 이럴 줄 알았지."

— 조지 버나드 쇼

당직 근무 중이었다. 중대 당직 사관이 얼굴이 새빨개져서 나에게 왔다.

"당직사령님. 병사 한 명이 없어졌습니다. 지금 한 시간을 넘게 찾았는데 없습니다."

당혹스러웠다. 먼저 보고할지, 말지 고민이 되었다. 바로 상급부대 지휘관께 보고했다. 이미 한 시간이 지났기 때문에 탈영을 했다면 서울 인근 까지 갈 수 있는 시간이었기 때문이다. 보고와 동시에 전 병력을 동원해 부대 내를 뒤지기 시작했다.

그런데 정말 스트레스 받는 일은 따로 있었다. 상급 부대에서 그 인원의 개인신상에 대해 계속 요구했다. 개인신상은 상급부대에서 알아서

육사라는 버스에 무임승차하지 마라

볼 수 있는데 내가 조치할 시간은 주지 않고 다그치기만 했다. (여러분은 그러지 말자. 보고한 사람도 조치할 시간이 필요하다.)

결국 부대 내에서 찾았다. 우리 주둔지는 여러 부대가 함께 있어서 PX도 2개가 있었다. 우리 부대 PX가 아닌 타 부대 PX에 가 있었던 것이다. 그렇게 해프닝이 끝나고 상급부대에 보고하니 "사단장님께 보고 직전이었는데 다행이다."라고 말씀하셨다. 나는 속으로 생각했다. '아직도 보고를 안 했단 말인가?' 해당 인원이 없어진 사실을 알고 한 시간을 찾고 나에게 보고가 들어왔고 그 이후에 30분이 지나서야 해당 인원을 찾았는데 아직 보고를 안했다니 당혹스러웠다.

일단 사건이 터지면 보고해야 할지 말아야 할지 고민이 될 것이다. 왜냐하면 당직 근무 시간에 발생한 사건의 책임은 당직 근무자에게 있기 때문이다. 또 내가 보고하면 지휘관께 신뢰를 잃는 것이 아닌가라는 생각도 든다. 하지만 무조건 보고해야 한다. 사람의 목숨보다 중요한 것이 무엇이 있는가? 일단 일이 터지면 해결하는 것이 우선이다. 보고하는 것에 대해 두려움을 갖지 마라. 오히려 사소한 것까지 보고하면 상관과 신뢰관계가 더욱 돈독해진다.

나는 스스로 기준을 잡고 있다. 선조치 후보고냐, 선보고 후조치냐. 상황마다 다르겠지만 내 힘으로 당장 가능하면 선조치 후보고, 내 능력 범위를 벗어나면 선보고 후조치. 여러분도 나름의 기준을 가지기 바란다. 하지만 여러분이 일반적으로 전시에 전투 진지에서 적과 조우하지 않는 이상은 선보고 후조치를 하는 상황이 더 많을 것이다.

:: 손자병법 한 줄 : 뭣이 중헌디? ::

亡國不可以復存 死者不可以復生

망국불가이부존 사자불가이부생

망한 국가는 다시 존재할 수 없고 죽은 사람은 다시 살아날 수 없다.

육사라는 버스에 무임승차하지 마라

042
데리고 있던 부하가 전역 후
군 서포터가 되도록!

"나는 인(人)의 장막을 쳐놓고 거드름을 피우지 않았다. 말단 병사도 나를 부를 때는 이름만 부르면 됐다. 난 내 뺨에 활을 쏘았던 적이나 포로를 만나 함께 일하려고 애썼다. 나는 사나이답게 호탕하게 살았으므로 그것으로 족하다."

― 칭기즈칸

지휘관께서 간부교육 시간에 이런 말씀을 하셨다.

"간부들은 크게 3가지 부류가 있다. 첫 번째는 상급자에게만 인정받는 사람, 두 번째는 하급자에게만 인정받는 사람, 세 번째는 누구에게도 인정받지 못하는 사람. 무엇이 가장 안 좋은 것일까? 바로 첫 번째 상급자에게만 인정받는 사람이다."

이 말씀을 가만히 생각해 보니 상급자에게만 인정받는 사람은 인정받기 위해 수단과 방법을 가리지 않고 부하들을 괴롭히는 사람이다. 어딜 가나 존재하는 부류의 사람들이다. 여러분은 그렇게 되지 말자. 이왕이면 하급자에게 먼저 인정받고 그 다음에 상급자에게 인정받는 사람이 되자.

왜 그래야 할까? 군에 대한 부정적인 인식은 누가 심었을까? 바로 이미 전역한 군인들, 현재 군생활을 하고 있는 군인들이 심어준 것이다. 병사가 서로에게 미치는 영향은 그리 크지 않다. 하지만 간부의 영향은 막강하다. 병사들은 간부들의 행실 하나하나를 보고 그것이 군의 전체 이미지로 생각한다. 여러분 모두가 군의 이미지를 만드는 사람들이다. 제발 좀 제대로 하자. 그 병사들이 사회에서 국회의원을 해서 여러분의 봉급을 삭감하고 일자리를 없애 버릴 수도 있다. 다시 한 번 말하지만 군인은 나라를 지키지만, 병사들은 나라를 이끌 사람들이다. 함부로 대하지 마라. 여러분이 해야 될 일은 항상 부하를 생각하는 것이다.

:: 나의 짧은 가출 이야기 ::

가출(부대에서는 탈영, 또는 휴가 미복귀)을 결심하는 이유는 정말 많다. 그중에 간부의 괴롭힘이 있을 수도 있다. 여러분이 평소에 휴가 미복귀에 대해 겁을 주는 사람이었다면 이제 그러지 말아라. 이렇게 되면 겁먹은 병사들은 복귀 시간이 조금 늦으면 아예 들어가려 하지 않을 수 있다.

육사라는 버스에 무임승차하지 마라

겁주지 마라. 늦으면 전화만 하면 괜찮다는 것을 알려 주어라.

내가 초등학교 5학년 때 스타크래프트라는 게임이 돌풍을 일으켰고 게임방이 우후죽순처럼 생겼다. 남학생들은 스타크래프트를 여학생들은 세이클럽 채팅을 했다. 나도 그 돌풍에 휩쓸려 매일 게임방에 갔다. 그러기 위해서 돈이 필요했다. 나는 용돈이 없었기 때문이다.

어머니는 친구 분이 운영하는 '땡큐치킨'이라는 곳에서 하루에 만원을 벌어서 어둠의 장소에 숨기셨는데 나는 그곳이 어디인지 알고 있었다. 그랬으면 안 되는데 손을 대기 시작했다. 한 번에 만원이니 게임방에 가면 혼자서는 10시간을 보낼 수 있는 돈이었다. 그러고도 돈이 남으면 군것질을 했다. 한번만 한다는 것이 그만 9만 원을 훔치고 말았다. 어느 날 저녁, 어머니는 어둠의 장소를 확인하시고는 돈이 얼마 없는 것을 알고는 아버지가 가져가신 걸로 생각하시고는 아버지와 크게 다투셨다. 들킬까 봐 너무 무서웠다. 그런데 중요한 것은 이번이 첫 번째가 아니었다. 초등학교 3학년 때는 오락실에 중독이 되어 집에 있는 돼지 저금통 배를 갈라서 조금씩 빼서 쓰다가 바닥이 나서 어머니 지갑을 뒤진 적도 있었다. 그러던 어느 날 아버지께서 밤에 오락실까지 오셔서 나를 집으로 데리고 갔다. 그리고 어머니와 여동생은 다른 방으로 보내시고 회초리 3개를 들고 내 엉덩이를 계속 때리셨다.

새벽에 아버지께서 눈물을 흘리시며 내 엉덩이에 연고를 발라 수신 것이 아직도 기억에 남는다. 어떤 눈물이었을지는 아직도 잘 모르겠다. 아버지의 당시 심정이 궁금해서 말씀드렸더니 기억이 나지 않는다고 하신다. 모르는 척 하시는 게 아니라면 역시 맞은 사람은 기억해도 때린 사람은 기억을 못한다는 생각이 문득 들었다. 나는 그때 멍이 들어서 학교에서도 앉지 못하고 의자 위에 무릎을 꿇고 있어야 했다. 그리고 오락실은 아예 가지 않았다.

아무튼 다시 훔친 9만원 사건으로 돌아와 보자. 잘 지나가나 싶었는데 다음 날 오후에 어머니가 집에 전화를 하셨다. "여보세요." 하고 전화를 받자마자 나는 욕을 들어야했다. 나는 무서워서 가방에 돼지저금통과 저금통 배를 가르기 위한 가위 하나와 여러 가지 옷을 아무렇게나 챙기고 자전거를 타고 집을 나왔다. 저녁 6시 무렵이었다.

일단 돈이 얼마나 있는지 확인하기 위해 불빛이 있는 유흥가 주변 주차장의 자동차 사이에서 돼지 배를 가르고 있었다. 그런데 누군가 나를 쳐다보는 것 같아 고개를 들어보니 어떤 여자분이 나를 빤히 보다가 황급히 어디론가 갔다. 그 사람이 경찰에 신고할 것만 같아서 다시 자전거를 타고 달렸다. 달리는 길에 경찰차가 지나가면 괜히 고개를 숙였다.

육사라는 버스에 무임승차하지 마라

아무 생각 없이 달리다 보니 '세진 컴퓨터'라는 곳에 다다랐는데, 그 주차장에 마침 누군가 소파를 버려 놓았다. 나는 거기에 앉아서 저금통을 열었다. 근데 내가 예전에 배를 갈랐던 저금통이었다. 100원, 500원짜리는 하나도 없고 10원, 50원짜리만 가득했다. 세어보니 5천원도 안 되는 돈이었다. 이 돈으로 할 수 있는 건 게임방에서 죽치고 앉아 있는 것이었다.

가는 게임방마다 밤 10시 이후에는 성인이 아니면 받아 주지 않는다고 했다. 나는 다시 '세진 컴퓨터' 주차장에 버려진 소파로 갔다. 정말 너무 추웠다. 여름에서 가을로 넘어가는 환절기였는데 나는 생각 없이 반팔만 챙겨 나왔다. 반팔을 아무리 껴입어도 추웠다. 새벽 다섯 시에 도저히 버틸 수가 없어서 집으로 갔다. 집에 바로 들어갈 수 없어서 계단에서 앉아 있다가 집으로 들어갔다. 아버지, 어머니는 그 시간까지 주무시지 않으셨고 들어오는 나를 보시고는 "그래 고생했다. 자라."라고 말씀하시고 방에 들어가셨다. 그냥 혼났으면 하는 마음이었는데…. 그 뒤로는 나도 절대 도둑질을 하지 않았고 부모님께서도 내가 가출한 사실에 대해 말하지 않으셨다.

결국 내가 찾아갈 사람은 가족뿐이었다.

여러분도 병사들과 전우애를 나누어서 그들의 마음이 갈팡질팡할 때 마지막으로 찾아갈 수 있는 사람이 되어야 한다.

"눈을 감고, 발꿈치로 탁탁탁 세 번 치고 나서, 정신을 집중하고 생각해 보라. 세상에서 집이 최고다."

— 영화 『오즈의 마법사』

육사라는 버스에 무임승차하지 마라

043
어머니의 조언,
적을 만들지 마라

"당신은 상사보다 더 인정받으려 해서는 안 된다. 그것은 승리처럼 보이나 어리석고 치명적인 종말을 앞당긴다. 윗사람의 시기를 받는 것은 인간 세계에서만 있는 일이다. 그러나 현명한 부하는 역할에 맞게 연기하는 배우처럼 상사와 비교될 때 자신의 능력을 감출 줄 안다."

— 그라시안

GOP에 있을 때 오발사고를 내고 첫 휴가를 나와서 술만 마셨다. 술을 많이 마셔본 적이 없어 실수할 것 같아 집에서 마셨다. 부모님과 이야기도 하지 않았다. 그런 내 모습을 보시더니 한 마디 하셨다.

"민우야, 적을 만들지 마래이. 친구는 없어도 된다. 니가 힘들 때 곁에 있어 줄 가족이면 충분 하데이. 친구에 대해 잘 생각해 봐라. 친구들은 니가 힘들

때 도와줄 수도 있고 안 도와줄 수도 있거든. 근데 니가 적을 만드는 순간 평생이 힘들데이. 적은 쉬지 않고 니를 어떻게든 끌어내리려고 힘쓴데이. 그래서 이 엄마는 절대 적을 안 만든다. 그리고 아무리 이상한 친구라도 잘 보면 칭찬할 게 있거든. 칭찬하면 '샤악'하고 니한테 넘어온데이. 니도 함 해 봐라. 엄마 말 듣고."

여기서 주의할 점은 적을 만들지 않기 위해 모든 사람에게 착하게 행동하는 '착한 사람 증후군'에 걸려서는 안 된다는 점이다. 여러분이 한두 번 도와주기 시작하면 당연히 도와주는 사람인 줄 알고 모든 일을 부탁한다. 그러다가 한 번 거절하면 화를 낸다. 이것은 여러분이 잘못한 것도 없지 않다. 만만한 사람이 되지 말자.

육사라는 버스에 무임승차하지 마라

044
아버지의 조언,
모두가 좋아하는 사람은 없다

"자신이 한때 이곳에 살았음으로 해서 단 한 사람의 인생이라도 행복해 지는 것. 이것이 진정한 성공이다."

—『가고 싶은 길을 가라』

두 번째 오발사고 때도 술만 마셨다. 아버지와 함께였지만 나는 한마디도 하지 않았다. 아버지가 말씀하셨다.

"민우야, 모든 사람들한테 인정받고 사랑받으려고 하지 마라. 니만 상처 받는다. 니가 아무리 노력해도 니를 싫어하는 사람이 있고 니를 따르지 않는 사람이 있다. 아버지가 살아보니까 그게 답이더라. 모든 사람에게 인정받고 사랑받으려고 하는 순간 니 혼자만 상처 받는데이. 그냥 니는 니 갈 길 가면 된다. 딴 놈들이 헛소리 하는 거 듣지 마라. 그리고 뭔가 일을 시키면 답답해도 끝까지 봐 줘라. 니가 해 주는 순간 그 사람은 주눅이 들어서 다시는 도전 하지 않는 사람이 되니까."

모든 사람에게 인정받고 싶어 하면 정말 힘들다. 사실 불가능하다. 인 정받기 위해 일하지 말고 전시 국가안보와 스스로의 발전을 위해 일해 라. 그러면 자연스럽게 상하급자들은 여러분을 인정하게 될 것이다. 인 정받으려고 발버둥 치면 옹졸한 방법을 쓰게 된다.

그리고 일을 시켰으면 기간을 주고 하는 것을 지켜보자. 시키자마자 "이건 이렇게 하는 게 아니지."라고 말하면 안 된다. 본인은 잘할지도 모 르지만 더욱 크게 발전할 수 있는 사람의 기를 죽여 발전할 수 없게 만 들어 버린다. 그러지 말자. 지켜봐 주자. 젊은 날의 시행착오가 그들에 게는 큰 자산이다.

육사라는 버스에 무임승차하지 마라

045
비교, 그리고 패배의식

"우리는 가진 것에 대해서는 거의 생각하지 않고 갖지 못한 것만을 항상 생각한다."

— 쇼펜하우어

비교는 참 신기한 녀석이다. 나보다 힘든 사람과 비교하면 행복하고, 나보다 잘 나가는 사람과 비교하면 배가 아프다. '세 얼간이'라는 영화에 이런 말이 나온다.

"우리는 거기서 인간심리에 대해 중요한 교훈을 배웠다. 친구가 시험을 망치면 눈물이 나지만, 친구가 1등을 하면 피눈물이 난다는 것을."

내 친구들을 보면 다들 잘 나간다. 대기업에 입사한 친구, 의사, 한의

사 등 결론만 말하자면 나보다 돈을 훨씬 잘 번다. 임관 5년 차에 전역한 동기들 중 친한 녀석, 같이 근무한 친한 후배가 대기업에 근무한다. 그 친구들의 초봉은 6년 차인 현재 내 연봉의 150% 가까이 된다.

동기들은 어떤가? 중위 때 의대, 치대 위탁 교육에 들어가서 군의관이 되는 동기들, 흔히 말하는 SKY대에 가서 위탁 교육을 받고 육사에서 교수를 하는 동기들, 해외 각지 파병으로 경험을 쌓은 동기들 등 쟁쟁하다.

비교를 하려면 긍정적인 쪽으로 하자. 나처럼 항상 나보다 잘난 사람들과 비교를 하면 항상 패배의식에 사로잡힐 수 있다. 비교는 과거의 나와 현재의 나로만 하자. 나 스스로를 넘는 것이 가장 어려운 일이 아닐까 생각한다.

육사라는 버스에 무임승차하지 마라

046
포상 휴가를 남발하지 마라

"큰 바위가 우리에게 가르침을 줍니다. 사람들의 스치는 칭찬이나 비난에도 쉽게 동요하지 말고 우직하게 그 자리를 지키라고요."

— 『멈추면 비로소 보이는 것들』

이것 정말 중요한 문제다. 공휴일이 되면 포상 휴가가 넘쳐나기 시작한다. 체육대회 포상, 보물찾기 등 신비로운 포상이 생긴다. 여기서 주의할 점은 이와 같은 일회성 포상은 남발해서는 안 된다. 마치 본인이 너그러운 사람인 양, 평소에는 주지도 않던 포상을 이런 식으로 남발하는 무식한 사람들이 가끔 있다. 평소에 교육 훈련을 열심히 하고, 사격이나 체력이 우수한 인원에게 주는 포상보다 더 많이 주는 것은 안 된다. 이는 당신 부대의 사기를 저하시키고 전시에 쓸모없는 부대가 되게 할 수도 있다.

모두에게 혜택이 돌아가지 않는 포상도 주면 안 된다. 예를 들면, 금연 포상이나 태권도 1단 승단 포상, 체중 감량 포상 같은 것들이나. 금연 포상은 애초에 흡연하는 인원들에게만 혜택이 돌아가고 태권도 1단 승단 포상도 사회에서 승단한 인원들에게는 혜택이 없다. 체중 감량 포상도 마찬가지다. 물론 지휘관의 입장에서 좀 더 건강하고 긍정적인 분위기 조성을 위해 줄 수는 있지만 앞서 말했듯이 교육 훈련을 잘하고 전기 전술이 뛰어난 인원보다 더 많은 포상을 주어서는 안 된다.

포상을 주려면 기준을 마련해라. 그리고 이 기준을 마련할 때는 병력들과 반드시 토의해라. 병사들의 군생활 중 가장 큰 행복이 휴가와 관련된 것이니, 당신이 생각 없이 날린 포상에 평소 열심히 하던 친구들의 사기가 꺾여서는 절대 안 된다.

육사라는 버스에 무임승차하지 마라

047
가장 무서운 적은 북한군이 아니라 무능한 간부다

"소매가 길어야 춤을 잘 추고 돈이 많아야 장사를 잘하듯, 머릿속에 책이 5,000권 이상 들어 있어야 세상을 제대로 뚫어보고 지혜롭게 판단할 수 있다."

―다산 정약용

야전에 나가면 충격을 받을 수도 있다. 정말 전시에 대한 생각이 없는 사람이 정말 많다. 교육 훈련을 할 때는 '어떻게 싸워 이길 것인가?'에 대해 생각해야 하는데, '어떻게 하면 좀 더 쉽고 편할까?'에 대해 고민하는 간부들이 있다. 이 간부들은 전시에 내 부하들을 다 죽일 사람들이다. 적보다 무서운 간부들이 이런 간부들이다.

병사들을 편하게 해 주는 것은 앞서 말했듯이 전시에 병사들의 생존 능력을 없애는 행위다. 여러분은 교육 훈련 만큼은 가혹할 정도로 해야 한다. 그것이 우리가 존재하는 목적이다. 교육 훈련 시에는 반드시 메모를 해라. 이번 훈련에 미흡한 점을 생각나는 즉시 적고 훈련이 종료되면 부대원들과 '이런 점이 미흡했는데 이렇게 하면 나아지겠다.'라는 식으로 피드백을 반드시 주어라. 그리고 교범과 책을 많이 읽어라. 야전에 있어보니 빈 수레가 정말 요란했다. 하나를 알더라도 제대로 알아라.

048
항상 '왜?'라고 질문하는 사람들

"웃어 넘겨라. 뭐가 그리 심각하냐?"

—『유머가 이긴다』

회의 때마다 '아니 그거 왜 해야 합니까?'라고 질문하는 사람들이 있다. 이 질문에 기분 나빠해서는 안 된다. '왜?'라는 질문은 우리가 평소에 당연하게 생각했던 것들에 대해 생각하게 해 주고, 문제의 본질을 찾을 수 있게 해 준다. 여러분이 만약 생각을 미리 많이 했다면 '왜?'라는 질문이 나오지 않도록 해야 하는 이유와 당위성에 대해 설명해 주어야 한다. "내가 시킨 게 아니라, 상급 부대에서 시킨 것이니 그냥 해라."라고 말하는 간부는 쓸모없는 간부다. 전시에 본인의 부대를 사지(死地)로 내몰 것이다.

다음은 지휘관께서 간부 교육 시에 예로 들어 주신 내용이다.

"예를 들어 보자. 사단장님께서 대대급 부대 지휘관들에게 철로 된 컵이 몇 개인지 조사하라고 하셨어. 여러분들은 어떻게 일하나? 아마 대부분의 사람들은 진짜 컵의 개수가 몇 개인지 보고할 거야. 근데 조금만 더 생각해 보자고. 왜 이걸 시키셨을까? 당시 상황은 더운 여름이고 식중독이 많이 발생하고 있어. 그러면 뭘까? 정확하게 알 수는 없지만 개인별로 컵을 가지고 있는지, 혹시 공용물컵(철로된 컵) 때문에 식중독이 더 발생하고 있는지를 알고 싶으신 거지. 그러면 개인 컵을 소유하고 있는 사람도 조사해서 보고하면 좋고. 더 좋은 것은 개인 컵 보유율과 식중독 발병률을 간단하게 확인해서 해결책으로 '개인 컵 보유하기'라고 하면 훌륭하지."

여러분은 여기서 어떻게 느꼈는가? 후자와 같이 훌륭한 간부였나 아니면 전자와 같이 시키는 것만 하는 멍청한 간부였나?

육사라는 버스에 무임승차하지 마라

049
화재사고, 지휘관의 솔선수범

"경영자라면 이해득실을 전부 버려도 포기해서는 안 되는, 죽어도 지키고 싶은 무엇을 최소한 한 가지는 마음속 깊이 갖고 있어야 한다. 그래야 사람의 마음을 움직일 수 있다. 그것이 바로 철학이고 혼일 것이다. 혼은 '사람을 움직이는 힘'이다."

─『혼창통』

　훈련으로 부대 옆 훈련장에 있었는데 어디선가 연기가 피어올랐다. 생각보다 멀지 않은 곳에서 오르는 것 같았다. 먼저 훈련 인원, 총기, 탄약을 소대장에게 파악하게 하고 해당 장소에 갔더니 부대 에 엄청난 불이 나고 있었다. 지휘관께서는 당시 현장에 계시면서 직접 진두지휘해서 불을 끄려고 노력하셨다. 하지만 이미 불이 커진 상태여서 인근 지역의 소방차 10여 대가 와서 불을 겨우 껐다고 한다. 그 후 모든 사람이 만약 지휘관께서 안 계셨다면 불이 더욱 커졌을 거라고 이야기했다.

이로 인해 내가 있던 중대도 손·망실 책임을 져야 했다. 진투부대에서 가져온 전투장비가 화마로 손실되었기 때문이다. 추가적으로 우리의 전투장구류, 정비용 장비, 공구, 수리부속까지 손실되었다.

지휘관께서는 부대가 정상화되도록 여건을 마련해 주셨다. "나와 참모들이 화재문제를 해결할 테니 중대장들은 부대 운영 정상화에 집중해라."고 하셨다. 정말 감사했다. 왜냐하면 각 중대에서도 손·망실에 관해서 서류를 작성해야 했기 때문이다. 우리 중대는 행정보급관이 정말 유능해서 서류 작성을 다했고 나는 지휘관 확인서만 작성했다. 거기에 이런 문구를 반드시 넣었다.

이번 사건으로 손실된 전투장비는 본인이 중대장으로서 고장 난 장비는 가져와서 즉각 정비하고 전투 부대로 장비를 복귀시키라고 했기 때문에 손실된 전투장비에 대한 책임은 본인에게 있습니다.

물론 장비에 관한 책임은 원래 지휘관에게 있다. (이 사건의 결론은 업체에서 책임을 졌다. 업체가 건물 시공을 할 때 규격에 맞지 않는 제품을 사용했기 때문이라고 했다.) 문제가 발생했을 때 책임지지 않으려는 지휘관이 생각보다 많다. 여러분들이라도 그런 사람이 되지 말자.

050
손·망실을 두려워하지 말고
관리를 잘하자

"이 지구상에는 치졸한 작자들이 한둘이 아니다."

— 『팻 콘로이』

대부분의 지휘관들이 손·망실 책임에 대해 두려움을 느낀다. 군 장비가 워낙 고가이기에 본인이 책임질 것을 두려워하는 것이다. 하지만 부주의로 인한 것이 아니라면(훈련이나 작전 중이었다면) 대부분 '무책(책임 없음)' 판정을 받는다. 다만 주의할 것은 평소부터 장비관리에 신경을 써야 한다는 것이다.

내가 정비를 지원하던 모 포병 부대는 정비 지원을 가면 병사들이 완전히 녹이 슬어버린 빨간 총을 가져왔다. 보니 지휘관이 총기손질에 전혀 관심이 없다는 것이었다. 나는 분노했다. 사진을 찍어서 해당 지휘관에게 보내고 '이런 일이 없었으면 좋겠다.'라고 말했지만 여전했다. 아니 정말 꾸준했다. 내가 중대장으로 임무 수행하는 2년 동안 변함없이 꾸준했다. 지금 전쟁이 터진다면 이미 그 포병부대 인원들은 적군의 공격에 총알 한 발 쏴 보지 못하고 전멸했을 것이다. 지휘관이 총기손질에 신경을 쓰지 않는다는 것은 전시에 대해 아예 개념이 없는 것이다. 여러분은 이러지 말자. 평소부터 관리를 잘하자.

051
우리 아들 좀 잘 봐 주세요

"이익은 지혜를 어둡게 만든다."

— 『사기』

지휘관을 하면 간혹 당혹스러울 때가 있다. 첫 번째는 부모님들께서 선물을 가져오시거나 보내실 때다. 명심해야 할 것은 '이 정도는 괜찮겠지.'라고 생각하지 말고 아무것도 받지 마라. 나 같은 경우는 쌀 한 가마니, 프린터기, 돈 봉투를 부모님들이 가져오셨었다. 먼저 쌀 한가마니는 부대 개방 행사 기간에 부모님께서 차로 가져오셨는데 돌려보냈다. 프린터기도 택배로 와서 편의점 택배로 반송했다. 돈 봉투도 받지 않았다. 어찌보면 당연한 것이다. 부모님의 입장은 중대장이 아들에게 더 잘해 주었으면 하는 것이다. 하지만 절대 받아서는 안 된다. 이것에 여러분의 군생활이 걸린 것은 물론이거니와 그런 걸 받았다고 차별하는 것

자체가 말이 안 된다.

두 번째는 높은 분들(?)에게서 전화기 올 때다. 결론만 말하자면 여기서 굽혀서는 안 된다. 상과 벌은 기준을 가지고 명확하게 이행해야 한다. 나도 굉장히 많은 전화를 받았다. 그중 기억에 남는 것이 세 가지 있다. 첫 번째는 징계로 영창을 보내야 하는데 부모님이 나에게 전화해서 "내 아들을 영창 보낸다고? 내가 아는 사람이 있는데 힘 좀 쓸 테니까 그리 알아라."라고 하시고 전화를 끊으셨을 때였다. 그 뒤에 모 부대 헌병 대장께서 전화를 하셨다.

"구민우 대위? ○○○ 징계건 때문에 전화했어."

나는 거기에 대해 설명을 드렸고 결국 그 사람은 영창에 갔다.

두 번째는 신병이 전입이 왔는데 모 부대 대령이라고 하시면서 잘 봐 달라고 하셨다.

"66기지? 나 ○○기야. 내 친구 아들인데 잘 좀 부탁해."

"예, 알겠습니다."

이렇게 답변하고 끊으면 된다. 고민하지 말자. 그 사람이 잘하면 포상을 주고 처벌 사유가 생기면 징계하면 된다.

세 번째도 비슷했다. 모 부대 중령이라고 하시면서

"○○○ 병사 휴가 좀 챙겨줘? 알지?"

"예, 알겠습니다."

그리고 해당병사를 불러서 사실대로 이야기해 주었다.

"○○야, 사실 아까 이런 전화가 왔거든. 근데 너한테 아무 이유 없이 포상을 줄 수가 없다. 만약 내가 너한테 이렇게 포상을 한 번 주기 시작

육사라는 버스에 무임승차하지 마라

하면 힘도 없고 백도 없는 병사들은 어떻게 포상을 받겠어? 그러니까 그렇게 알고 있어."

근데 그 병사는 화가 나 있었다. 대부분 이런 전화는 병사의 의견이 아니라 부모님의 일방적인 의견인 경우가 많기 때문이다. 지인을 이용하는 등으로 중대장에게 전화하는 것이다. 다시 한 번 말하지만 전화 왔다고 무엇인가를 해 주는 순간 부대원은 여러분을 다시는 신뢰하지 않을 것이다.

052
SNS를 통한 부모님들과의 소통

"아내가 원한 것은 남편의 판단이 아니라, 남편의 이해와 위로였다."

—『나는 아내와의 결혼을 후회한다』

지휘관을 하면 부모님과 자주 의사소통을 해야 한다. 이건 기본이다. 부모의 입장에서 자식을 군대에 21개월이나 보내는데 마음이 놓일 리가 있겠는가? 중요한 것은 한명도 빼놓지 않는 것이다.

'밴드'라는 앱에 부대원들의 사진을 올렸는데 한 병사의 부모님께서 연락하셨다.

"왜 우리 아들은 없죠?"

나는 당황했다. 왜냐하면 당직 근무를 하고 근무취침을 하고 있는 중에 사진을 찍어서 해당 인원이 없었던 것이다. 그래서 설명을 드렸지만 "아들 사진이 없어서 섭섭하네요."라고 하셨다. 사진 한 장 올릴 때도 부대원들이 다 있는지 없다면 왜 없는지 명시해 주는 것이 좋다. 모든 인원이 모일 수 없다면 소규모로 여러 번 찍어 놓은 다음 부대원을 다 찍었다면 그때 올려도 된다. 사실 어려운 일도 아니고 그렇게 시간이 오래 걸리는 일도 아니다. 이런 하나하나의 정성이 부모님들께 큰 감동이 되고 군에 대해 신뢰를 가지시게 될 것이다. 여러분의 정성이 필요하다.

053
유시진 대위, 군에 대한 허상

"마음속에서 일어나는 욕구만을 좇은 사람은 시간이 지나면서 태도를 바꾼다. 그는 곧바로 자기가 한 일에 불만족하게 된다."

— 톨스토이

한 마디만 하자. 드라마를 보고 단지 군인이 멋있어 보여서 육사에 오려고 한다면 오지 마라. 오지 않는 것이 자신을 위해서도 군을 위해서도 좋은 길이 될 것이다.

육사라는 버스에 무임승차하지 마라

054
작전이 우선, 나머지는 뒷전

"지금 잘나가고 있습니까? 지금하시는 일이 잘되고 있습니까? 그렇다면,
지금 남을 제치고 잘나가고 있는지, 아니면 남과 함께 잘나가고 있는지를
살피십시오. 남을 제치고 나만 잘나가면, 상황이 변했을 때 평소에 당신을
시기하던 사람들에 의해 다칠 수 있습니다."

— 『멈추면 비로소 보이는 것들』

훈련 할 때 가장 안타까운 점이 '군수(급식, 탄약, 유류 등)'는 당연히 다
되고 있다는 가정 하에 시작한다는 것이다. 사실 '전시에 무엇이 더 중
요하고, 무엇이 덜 중요하다.'라고 말할 수 없다. 제반사항이 모두 중요
하다. 하지만 군수에 대해서는 고민이 많이 부족하다. 여러분이 야전에
오면 느낄 수 있을 것이다. 지휘관들께서도 대부분 작전에 더 큰 관심이
있으시기 때문에 군수를 담당하는 사람들이 직접 시간을 내서 고민하

지 않는 이상 전시에 어떻게 군수를 할 것인지에 대해 생각을 하지 않는 다. 미군의 전투 사례, 우리군의 전투 · 훈련 사례를 보면서 항상 고민하고 생각하는 간부가 되어야 한다.

사실 어느 직책에서 임무를 수행하든지 '전시'를 생각하면 막막하다. 당연한 것이다. 전쟁을 경험해 보지 않았기 때문이다. 그래서 우리가 이렇게 준비하고 있는 것이 아닌가. 고민하면 해야 될 것이 산더미라 대부분 별로 고민하려 하지 않는다. 하지만 하나씩 해결하다 보면 점점 재미있어 질 것이다. 안 풀리던 문제가 갑자기 자고 일어났는데 풀리는 것처럼.

육사라는 버스에 무임승차하지 마라

055
변명하지 말자

정직은 아주 비싼 선물이다. 싸구려 같은 사람에게서 받을 수 있다는 기대를 버려라.

— 워런 버핏

지휘관께서 나를 부르셨다. 화가 나신 모양이었다.

"날씨도 더운데 왜 병사들을 저렇게 일찍 집합시켰지?"

나는 할 말이 없었다. 내가 집합시킨 것이 아니기 때문이었다. 하지만 이 상황에서 "제가 집합시킨 것이 아닙니다."라고 하면 지휘관이 더욱 화내실 수도 있고, 혹시 내가 모르는데 소대장이 집합시킨 것일 수도 있기 때문에 일단 "죄송합니다."라고 답변하고 돌아왔다. 돌아와서 확인해 보니 우리 중대가 아니라 옆 중대에서 일찍 집합한 것을 지휘관께서 오해하신 것이다. 정말 억울했지만 다시 찾아가지는 않았다. 그 중대 중대장은 나보다 선임이었기 때문이다.

살다보면 이렇게 억울할 때도 많다. 하지만 억울하다고 모든 것을 피해갈 수는 없는 것 같다. 크지 않은 일은 넘기고 나중에 해당 사람에게 알려주자. 여러분에게 미안해 할 것이다.

꼭 변명하는 사람들이 있는데, 이럴 땐 "죄송합니다. 이런 일 없도록 하겠습니다."라고 하면 끝이다. 더 이상 끌고 가지 말자. 혹시 억울하더라도 일단 상관이 화가 나 있는 상태에서는 죄송하다고 말씀을 드리고 나중에 상관께서 화가 풀리고 나면 다시 찾아가서 자세한 설명을 드리자. 그러면 이해해 주실 것이다.

056
조사하면 다 나온다, 정직하게 살자

鳥窮則啄

조궁즉탁

새도 궁하면 쪼려고 한다.

새는 궁하면 쪼려고 하고

짐승은 궁하면 할퀴고

사람은 궁하면 거짓말을 한다.

평소에 절대 거짓말을 하지 말자. 흔히 지휘관께서 질문을 하실 때 자신이 잘 몰라도 아는 수준에서 판단해서 대답하는데 이것 또한 위험하다. 본인이 제대로 알고 있지 않으면 이렇게 대답해라.

"죄송합니다. 그 부분은 제가 확인을 하고 다시 보고드리겠습니다."

이게 정답이다. 여러분이 어쭙잖게 아는 것을 말했다가 나중에 지휘관께서 아시면 그 한마디 때문에 지휘관과의 신뢰가 무너질 수 있다. 모든 일에 진실을 말해라. 나중에 조시하면 진짜 다 나온다. 빠져나갈 구멍이 없다. 모르면 모른다, 알면 안다. 똑바로 말하길 바란다.

여러분도 알겠지만 거짓말을 한 번 하면 그 거짓말을 진실인 듯 보이게 하기 위해 계속해서 거짓말을 하게 된다. 스스로 궁한 길을 택하지 말자. 언제가 될지는 모르지만 항상 진실이 승리한다.

지금 당장 위기를 모면 하더라도 조사가 시작되면 끝이다. 더 크게 처벌 받는다. 그리고 여러분의 상하급자들은 다 알고 있다. 여러분이 거짓말을 하는 사람인지 아닌지 평소 행실에서 드러난다. '신뢰는 종잇장과 같아서 한번 구겨지면 펴지지 않는다.' 종이를 구기는 우를 범하지 말자.

육사라는 버스에 무임승차하지 마라

CHAPTER 3

군생활을 하다 보면
궁금한 것들

"너의 길을 가라. 남들이 무엇이라 하든지 내버려 두라."

−단테

001
무기공학과의 실험

"사람은 마음속에 정열이 불타고 있을 때가 가장 행복하다. 정열이 식으면, 그 사람은 급속도로 퇴보하고 무기력하게 변한다."

— 괴테

사관학교 시절에 내가 있던 무기공학과는 실탄 사격 실험장을 이용할 수 있었다. 당시 교수님들께서는 방탄모 성능 시험, 방탄 유리 성능 시험, 방탄복 성능 시험 등을 수행하고 계셨다. 교수님께서 하루는 제안을 하셨다.

"수업해 봐야 맨날 똑같은 거나 배우고 재미없잖아. 무기공학과 특성을 살려서 너희들이 수업 시간에 하고 싶은 걸 가지고 와라. 이번 학기는 그걸로 수업을 대체하자."

동기생들은 머리를 맞대고 고민했다. 그래서 평소에 궁금했던 것들

중에서 재미있는 프로젝트를 많이 했다. 그중에 가장 기억에 많이 남는 세 가지를 소개하려고 한다.

사실 실험횟수가 많지 않기 때문에 정확한 값이라고 할 수는 없다. 하지만 충분히 의미 있는 실험이었으며 여러분이 병사들을 교육하거나 실전에서 사용할 수 있는 내용이라 생각한다.

002

물속에 숨으면 안전할까?

결론부터 말하자면 5.56㎜ 소총탄의 경우 약 27㎝정도 관통했다. 실험은 다음과 같이 진행했다. 통 내부에 10㎝ 간격으로 실에 A4용지를 매달아 둔다. 그리고 통에 물을 채운다. (통이 없어서 학교에 있는 은색 쓰레기통을 썼다.) 위에 뚜껑을 덮고 물이 새지 않게 글루건으로 고정한다. 뚜껑이 두꺼우면 탄자의 운동에너지가 줄어들 수 있기 때문에 최대한 얇은 재질로 했다. (사격과 동시에 위의 덮개가 깨져 실험실이 물바다가 되어 청소를 열심히 했다는 사실이 아직도 기억에 남는다.) 탄자를 보니 갈기갈기 찢어져 있었다. 물과 충돌할 때 충격으로 다 찢어져 버린 것이다.

육사라는 버스에 무임승차하지 마라

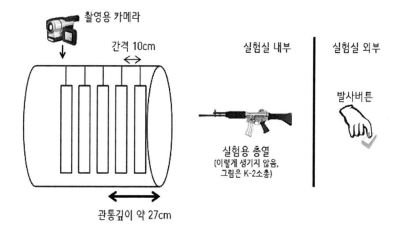

촬영용 카메라

간격 10cm

실험실 내부

실험실 외부

발사버튼

실험용 총열
(이렇게 생기지 않음,
그림은 K-2소총)

관통깊이 약 27cm

003

모래(마대) 뒤에 숨으면 안전할까?

결론부터 말하자면 5.56㎜ 소총탄의 경우에 15㎝ 이상이면 충분히 안전할 것이다. 실험은 다음과 같이 진행했다. 마대 속에 모래를 채우고 구멍이 뚫린 상자에 넣는다. 상자에 넣는 이유는 마대를 그대로 두면 양쪽 끝부분과 중앙의 모래의 양이 달라 혹여나 실험 결과에 오차가 크게 발생할 수 있기 때문이다.

실험을 한 후 모래를 조금씩 파헤치며 결과를 확인했다. 평균 관통 깊이는 9.3㎝였다. 북한군의 소총탄이 7.62㎜, 5.45㎜인 것을 감안하면 전시에 시간이 부족한 경우 진지 벽의 두께가 어느 정도 되어야 할지 감이 올 것이다. (실험을 안 해봤기 때문에 나도 정확한 수치를 줄 수는 없다.) 하지만 기관총, 수류탄 등에도 방호가 되어야 하니 훨씬 두꺼운 것이 좋겠다.

탄의 이동 경로는 위로 올라가는 형태였다. 이는 탄의 운동에너지가 더 큰 경우(탄의 구경이 큰 경우 등) 모래를 채운 마대를 뚫고 턱 쪽으로 탄

육사라는 버스에 무임승차하지 마라

이 튀어 오를 수도 있다는 것이다. 이 실험도 위의 실험과 마찬가지로 탄자를 보니 갈기갈기 찢어져 있었다. 모래와 충돌할 때 충격으로 다 찢어져 버린 것이다.

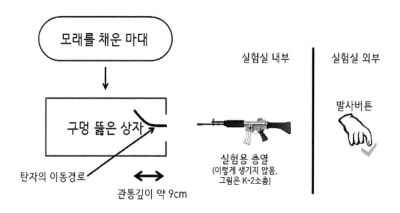

004
신형 방탄모는 안전할까?

결론부터 말하자면 굉장히 안전하다. 실험은 다음과 같이 진행했다. 방탄모를 특수한 작업대에 고정한 후 탄을 직격탄으로 사격했다. (실제 적과의 교전 중에 직격탄을 맞을 가능성은 거의 없다.) 결과는 뚫리지 않았다. 조금 휘어지기만 할 뿐 생명에 진혀 지장이 없다. 나반 구성이 더 큰 총으로 사격을 했다면 조금 더 들어가서 최악의 경우 두부골절 정도만 일으키고 즉사하지는 않을 것이다. 병력들에게 이에 대해 교육을 하면 전시에 전투 진지에서 머리를 박고 총을 쏘는 행위는 하지 않을 것이다.

참고로 말하자면 구형 방탄모는 앞부분, 뒷부분 모두 관통된다. 이는 성능이 부족한 것이 아니라 원래부터 위에 철모를 덮도록 고안된 것인데 너무 무겁다 보니 쓰지 않아서 그런 것이다.

육사라는 버스에 무임승차하지 마라

실험실 내부 실험실 외부

발사버튼

실험용 총열
(이렇게 생기지 않음,
그림은 K-2소총)

지금까지 굉장히 많은 자기계발 서적을 읽었다. 공감이 되는 부분도, 힘이 되는 부분도 많았다. 그런데 한 가지 의문이 들었다. 책을 쓰신 분들은 대부분 사회적으로 명예도 있고 이른바 '성공한 사람들'이었다. 하지만 그들은 지금 청년들괴 같은 시대에 청년으로서 살아보지 않으셨기 때문에 100% 공감할 수는 없겠다는 생각이 들었다.

그래서 '지금 내가 느끼는 이 기분이 아마 사회에 있는 청년들이 느끼는 고민들과 비슷하지 않을까? 그리고 거기서 힘을 실어주는 메시지를 주면 좋지 않을까?'라는 생각에 집필하게 되었다. 물론 나는 경험이 부족하기 때문에 누군가의 멘토는 될 수 없다. 다만 어느 것 하나 잘하지 못하는 내가 느낀 것을 대부분의 사람들이 공감할 수 있을 것이다.

우리는 항상 성공에 목말라 있으면서 실패하고 싶어 하지는 않는다. 아무리 봐도 성공한 사람들이 어떤 실패를 겪었는지에 대해서는 자세

　　　　　　　　육사라는 버스에 무임승차하지 마라

히 알려주지 않는다. 그리고 그런 실패에 사람들은 관심이 없다. 성공하기 위해서는 실패가 필수적이다. 우리나라 분위기상 한 번의 실패로 모든 것을 포기하는 사람이 너무 많다. 우리 잘못이 아니다. 그렇게 교육받아와서 그런 것이다. 좌절하지 말자. 젊은 나이에 실패하는 것을 부끄러워하지 말고 항상 밀고 나가는 사람들이 되었으면 한다.

"땀 흘리지 않는 자, 눈물을 흘리게 되리라."

─ 『18시간 몰입의 법칙』

| 참고문헌 |

- 군형법, 법률 제12232호, 2014.01.14., 일부개정
- 에르빈 롬멜 지음, 황규만 역, 롬멜 보병전술, 일조각, 2006.06.15.
- BaEsic Contents House, 이정진 번역·해설, 탈무드, 북이십일 21세기북스, 2009.12.15
- 혜민 지음, 멈추면 비로소 보이는 것들, 쌤앤파커스, 2012.06.25.
- 신현만 지음, 회사가 붙잡는 사람들의 1% 비밀, 위즈덤 히우스, 2011.02.15.
- 손자 지음, 김광수 번역·해설, 손자병법, 책세상, 2012.01.30.
- 기시미 이치로, 고가 후미타케 지음, 전경아 옮김, 김정운 감수, 미움받을 용기, 인플루엔셜, 2014.11.17.
- 김성회 지음, 용인술, 쌤앤파커스, 2014.08.11.
- 사이토 다카시 지음, 장은주 옮김, 혼자 있는 시간의 힘, 위즈덤하우스, 2015.07.27.
- 칼 필레머 지음, 박여진 옮김, 내가 알고 있는걸 당신도 알게 된다면, 토네이도, 2012.05.12.
- 에릭슈미트, 앨런이글 지음, 박영화 옮김, 구글은 어떻게 일하는가, 김영사, 2014.10.20.
- 빌메리어트, 캐시앤 브라운 지음, 이지연 옮김, 어떻게 사람을 이끌 것인가, 중앙 M&B, 2015.02.23.
- 스콧 애덤스 지음, 고유라 옮김, 열정은 쓰레기다, 더퀘스트, 2015.09.25.
- 박성진 지음, 미친 실행력, 라온북, 2015.09.17.
- 정약용 지음, 박석무 옮김, 유배지에서 보낸 편지, 창비, 2011.06.30.

육사라는 버스에 무임승차하지 마라

- 파울로 코엘료 지음, 최정수 옮김, 연금술사, 문학동네, 2004.12.10.
- 공지영 지음, 사랑 후에 오는 것들, 문학동네, 2006.11.27.
- 박성후 지음, 포커스 씽킹, 경향미디어, 2010.06.08.
- 가네시로 가즈키 지음, 양억관 옮김, Fly Daddt Fly, 대한교과서, 2011.01.22.
- 박지성 지음, 더 큰 나를 위해 나를 버리다, 중앙북스, 2011.01.03.
- 이나모리 가즈모 지음, 신정길 옮김, 왜 일하는가, 2011.01.03.
- 리처드 칼슨 지음, 이창식 옮김, 행복에 목숨걸지 마라, 한국경제신문, 2010.12.24.
- 신성훈 지음, 유머가 이긴다, 쌤앤파커스, 2010.12.24.
- 기욤 뮈소 지음, 전미연 옮김, 그 후에, 밝은세상, 2010.06.03.
- 스펜서 존슨 지음, 이영진 번역, 누가 내 치즈를 옮겼을까?, 진명출판사, 2003.05.31.
- 김정운 지음, 나는 아내와의 결혼을 후회한다, 쌤앤파커스, 2010.12.29.
- 조신영·박현찬 공저, 경청, 위즈덤하우스, 2007.12.07.
- 로랑 구넬 지음, 박명숙 옮김, 가고 싶은 길을 가라, 위즈덤하우스, 2010.06.18.
- 이지훈 지음, 혼창통, 쌤앤파커스, 2010.07.09.
- 김정운 지음, 노는 만큼 성공한다, 21세기북스, 2011.12.20.
- 기욤뮈소 지음, 전미연 옮김, 사랑하기 때문에, 밝은세상, 2009.06.24.
- 박경철 지음, 자기혁명, 리더스북, 2012.01.25.
- 이지성 지음, 18시간 몰입의 법칙, 맑은소리, 2012.06.20.
- 스튜어트 다이아몬드 지음, 김태훈 옮김, 어떻게 원하는 것을 얻는가, 8.0, 2012.06.25.
- 찰스 두히그 지음, 강주헌 옮김, 습관의 힘, 갤리온, 2012.12.20.